H. GLESS 1973

LA COMTESSE

DE CHARNY

PAR

ALEXANDRE DUMAS.

4

PARIS
ALEXANDRE CADOT, ÉDITEUR,
37, RUE SERPENTE.
—
1852

LA COMTESSE DE CHARNY.

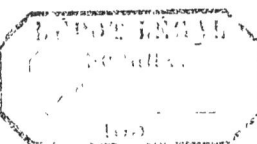

EN VENTE.

OUVRAGES DE MADAME CHARLES REYBAUD.

Faustine et Sydonie . . . . 3 vol.
Hélène . . . . 2 vol.
Les deux Marguerite . . . . 2 vol.

OUVRAGES DE MADAME GEORGE SAND.

François le Champi . . . . 2 vol.
Le Piccinino . . . . 5 vol.
Le Meunier d'Angibault . . . . 3 vol.
Teverino . . . . 2 vol.
Lucrezia Floriani . . . . 2 vol.

OUVRAGES D'EUGÈNE SUE.

L'Institutrice . . . . 4 vol.
Fernand Duplessis . . . . 6 vol.
Les Enfants de l'Amour . . . . 4 vol.
Les sept Péchés Capitaux . . . . 16 vol

OUVRAGES DE PAUL FÉVAL.

Les Belles de Nuit . . . . 8 vol.
La Fée des Grèves . . . . 3 vol.

Sceaux. — Imprimerie de E. Depée.

LA COMTESSE
DE CHARNY

PAR

ALEXANDRE DUMAS.

4

PARIS
ALEXANDRE CADOT, ÉDITEUR,
37, RUE SERPENTE.

1852

I

Le Club des Jacobins.

(Suite et fin.)

Gilbert sentit comme un frisson lui courir par tout le corps.

— En effet, dit-il, vous m'en avez prévenu d'avance, ce n'est ni la tête de Brutus, ni même celle de Cromwell.

— Non, dit Cagliostro, mais c'est

peut-être celle de Cassius. Vous savez, mon cher, ce que disait César : « Je ne crains pas tous ces hommes gras, tous ces bons vivants qui passent leurs jours à table et leurs nuits en orgies; non; ce que je crains, ce sont ces rêveurs au corps maigre et au visage pâle. »

— Celui que vous me montrez là est bien dans les conditions établies par César.

— Ne le connaissez-vous donc pas? demanda Cagliostro.

— Si fait, dit Gilbert en le regardant avec attention, je le connais, ou plutôt je le reconnais pour un membre de l'Assemblée nationale...

— C'est bien cela.

— Pour un des plus filandreux orateurs de la gauche...

— C'est bien cela.

— Que personne n'écoute, quand il parle...

— C'est bien cela.

— Un petit avocat d'Arras, n'est-ce pas, qu'on appelle Maximilien de Robespierre?

— Parfaitement.

—Eh bien! regardez cette tête avec attention.

— Je la regarde.

— Qu'y voyez-vous ?

— Comte, je ne suis pas Lavater.

— Non, mais vous êtes son disciple.

— J'y vois l'expression haineuse de la médiocrité contre le génie.

— C'est-à-dire que, vous aussi, vous le jugez comme tout le monde... Oui, c'est vrai, sa voix faible, un peu aigre ; sa hâve et triste figure ; la peau de son front, qui semble collée à son crâne comme un jaune et immobile parchemin ; son œil vitreux, qui ne laisse échapper qu'un jet de flamme verdâtre, et qui presque aussitôt s'éteint; cette continuelle tension des muscles et de la voix; cette laborieuse physionomie, fatigante par son immobilité même; cet invariable habit olive, habit unique, sec et sévèrement brossé ; oui, tout cela, je le comprends, doit faire peu d'impression sur une assemblée riche en orateurs, qui a le droit d'être difficile, habituée qu'elle est à la face léonine de Mirabeau, à la suffisance audacieuse de Barnave, à la répartie acérée de l'abbé Maury, à la chaleur de Cazalès, et à la logique de Sieyès; mais, à celui-là, on ne lui reprochera point, comme à Mirabeau, son immoralité; celui-là, c'est l'honnête homme, et, s'il sort jamais de la légalité, ce sera pour tuer le vieux texte avec la loi nouvelle.

— Mais, enfin, demanda Gilbert, qu'est-ce que c'est que ce Robespierre?

— Ah! te voilà bien, aristocrate du XVIIe siècle! « Qu'est-ce que c'est que ce Cromwell? » demandait le comte de Strafford, auquel il devait faire couper la tête; « un marchand de bière, je crois? »

— Voulez-vous dire que ma tête court les mêmes risques que celle de sir Thomas Wentworth? dit Gilbert en essayant un sourire qui se glaça sur ses lèvres.

— Qui sait? dit Cagliostro.

— Alors, raison de plus pour que je prenne des renseignements, dit le docteur.

— Ce que c'est que Robespierre ? Eh bien! en France, nul ne le sait peut-être, que moi. J'aime à connaître d'où viennent les élus de la fatalité; cela m'aide à deviner où ils vont... Les Robespierre sont Irlandais; peut-être leurs aïeux firent-ils partie de ces colonies irlandaises qui, au seizième siècle, vinrent peupler les séminaires et les monastères de nos côtes septentrionales; là, ils auront reçu des jésuites cette forte éducation d'ergoteurs qu'ils donnaient à leurs élèves; ils étaient notaires de père en fils; une branche de la famille, celle d'où descend ce Maximilien, s'établit à Arras, grand centre, comme vous le savez, de noblesse et d'église. Il y avait, dans la ville, deux seigneurs ou plutôt deux rois : l'un, l'abbé de Saint-Waast ; l'autre, l'évêque d'Arras, dont le palais met la moitié de la ville dans l'ombre. C'est dans cette ville que celui que vous voyez-là est né en 1758. — Ce qu'il a fait jeune homme, ce qu'il fait en ce moment, je vais vous le dire en deux mots ; ce qu'il fera, je vous l'ai déjà dit en un seul... Il y avait quatre enfants dans la maison ; le chef de la famille perdit sa femme ; il était avocat au conseil d'Artois ; il tomba dans une sombre tristesse, cessa de plaider, partit pour un voyage de distraction, et ne revint plus. A onze ans, l'aîné; celui-ci, se trouva chef de famille à son tour, tuteur d'un frère et de deux sœurs; à cet âge, chose étrange! l'enfant comprit sa tâche, et se fit homme immédiatement; en vingt-quatre heures, il devint ce qu'il est resté, un visage qui sourit parfois, un cœur qui ne rit jamais! C'était le meilleur élève du collège; on obtint pour lui, de l'abbé de Saint-Waast, une des bourses dont le prélat disposait au collège Louis-le-Grand. Il arriva seul à Paris, recommandé à un chanoine de Notre-Dame; dans l'année, ce chanoine mourut; presque en même temps, mourait, à Arras, sa plus jeune sœur, la plus aimée. L'ombre des Jésuites, que l'on venait d'expulser de France, se projetait encore sur les murs de Louis-le-Grand ; vous connaissez ce bâtiment où grandit, à cette heure, votre jeune Sébastien ; ses cours, sombres et profondes comme celles de la Bastille, décolorent les plus frais visages ; celui du jeune Robespierre était déjà pâle, elles le firent livide. Les autres enfants sortaient quelquefois ; pour eux, l'année avait des dimanches et des fêtes ; pour l'orphelin boursier, sans protection, tous les jours étaient les mêmes. Tandis que les autres respiraient l'air de la famille, lui respirait l'air de la solitude, de la tristesse et de l'ennui, trois souffles mauvais qui allument dans les cœurs l'envie et la haine, et qui ôtent à l'âme sa fleur ! Cette haleine étiola l'enfant, et en fit un fade jeune homme ; un jour, on ne croira pas qu'il y ait un portrait de Robespierre à l'âge de vingt-quatre ans, tenant une rose d'une main, et appuyant l'autre main sur sa poitrine, avec cette devise : *Tout pour mon amie!*

Gilbert sourit tristement en regardant Robespierre.

— Il est vrai, poursuivit Cagliostro, que, lorsqu'il prenait cette devise et se faisait peindre ainsi, la demoiselle jurait que rien au monde ne désunirait leur destinée ; — lui aussi le jurait, et en homme disposé à tenir son serment ; — il fit un voyage de trois mois, et la retrouva mariée ! Au reste, l'abbé de Saint-Waast était demeuré son protecteur : il avait fait avoir à son frère la bourse du collège Louis-le-Grand, et lui avait donné, à lui, une place de juge au tribunal criminel. Vint un procès à juger, un assassin à punir : Robespierre, plein de remords d'avoir osé, lui troisième, disposer de la vie d'un homme, quoique cet homme fût reconnu coupable, Robespierre donna sa démission. Il se fit avocat, car il fallait vivre et nourrir sa jeune sœur ; — le frère était mal nourri à Louis-le-Grand ; mais, enfin, il était nourri. — A peine venait-il de se faire inscrire sur le tableau, que des paysans le prièrent de plaider pour eux contre l'évêque d'Arras. Les paysans étaient dans leur droit ; Robespierre s'en convainquit par l'examen des pièces, plaida, gagna la cause des paysans, et, tout chaud de son succès, fut envoyé à l'Assemblée nationale.

A l'Assemblée nationale, Robespierre se trouva placé entre une haine puissante et un mépris profond : haine du clergé pour l'avocat ayant osé plaider contre l'évêque d'Arras; mépris des nobles de l'Artois pour le robin élevé par charité...

— Mais, enfin, interrompit Gilbert, qu'a-t-il fait jusqu'à ce jour ?

— Oh! mon Dieu! presque rien pour les autres, mais assez pour moi! s'il n'entrait pas dans mes vues que cet homme fût pauvre, demain je lui donnerais un million.

— Mais, encore une fois, je vous le demande, qu'a-t-il fait?

— Vous rappelez-vous le jour où le clergé vint hypocritement à l'Assemblée prier le tiers, tenu en suspens par le *veto* royal, de commencer ses travaux ?

— Oui.

— Eh bien, relisez le discours que fit, ce jour-là, le petit avocat d'Arras, et vous verrez s'il n'y a pas tout un avenir dans cette aigre véhémence qui le fit presque éloquent.

— Mais, depuis?...

— Depuis? Ah! c'est vrai! nous sommes obligés de sauter du mois de mai au mois d'octobre. Quand, le 5, Maillard, le délégué des femmes de Paris, vint, au nom de ses clientes, haranguer l'Assemblée, eh bien, tous les membres de cette Assemblée étaient restés immobiles et muets ; ce petit avocat ne se montra pas aigre seulement, il se montra plus audacieux qu'aucun. Tous les prétendus défenseurs du peuple se taisaient ; il se leva deux fois : la première, au milieu du tumulte; la seconde, au milieu du silence ; il appuya Maillard, qui parlait au nom de la famine, et qui demandait du pain.

— Oui, en effet, dit Gilbert pensif, cela devient plus grave ; mais peut-être changera-t-il.

— Oh! mon cher docteur, vous ne connaissez pas l'*incorruptible*, comme on l'appellera un jour ! D'ailleurs, qui voudrait acheter ce petit avocat dont tout le monde se rit ? Cet homme qui sera plus tard, — écoutez bien ce que je vous dis, Gilbert, — la terreur de l'Assemblée, en est aujourd'hui le plastron ; il est convenu entre les nobles Jacobins que M. de Robespierre est l'homme ridicule de l'Assemblée, celui qui amuse et doit amuser tout le monde, celui dont chacun peut et même doit se railler. Les grandes assemblées s'ennuient parfois, il faut bien qu'un niais les égaie... Aux yeux des Lameth, des Cazalès, des Maury, des Barnave, des Duport, M. de Robespierre est un niais. Ses amis le trahissent en souriant tout bas; ses ennemis le huent en riant tout haut; quand il parle, tout le monde parle; quand il élève la voix, chacun crie; puis, quand il a prononcé, — toujours en faveur du droit, toujours pour défendre quelque principe, — un discours que personne n'a écouté, un membre ignoré sur lequel l'orateur fixé un instant son regard torve demande ironiquement l'impression du discours. Un seul de ses collègues le devine et le comprend; devinez lequel? Mirabeau! « Cet homme ira loin, me disait-il avant-hier, car cet homme croit ce qu'il dit! » Chose qui, vous le comprenez bien, semble singulière à Mirabeau.

— Mais, dit Gilbert, j'ai lu les discours

de cet homme, et je les ai trouvés médiocres et plats.

— Eh ! mon Dieu ! je ne vous dis pas que ce soit un Démosthène ou un Cicéron, un Mirabeau ou un Barnave, eh non ! c'est tout bonnement M. de Robespierre, comme on affecte de l'appeler. D'ailleurs, ses discours, on les traite avec aussi peu de sans façon à l'imprimerie qu'à la tribune; à la tribune, on les interrompt ; à l'imprimerie, on les mutile. Les journalistes ne l'appellent pas même M. de Robespierre, eux ; non, les journalistes ne savent pas son nom : ils l'appellent M. B..., M. N... ou M. ***. Oh ! Dieu seul et moi peut-être savons ce qui s'amasse de fiel dans cette poitrine mai-

gre, d'orages dans ce cerveau étroit ; car,
pour oublier toutes ces injures, toutes
ces insultes, toutes ces trahisons, l'orateur hué, qui sent sa force cependant, n'a
ni la distraction du monde, ni le soulagement de la famille. Dans son triste
appartement du triste Marais, dans son
logis froid, pauvre, démeublé de la rue
Saintonge, où il vit petitement de son
salaire de député, il est seul, comme il l'était dans les cours humides de Louis le-
Grand. Jusqu'à l'année dernière, sa figure
avait encore été jeune et douce ; voyez,
depuis un an, elle a séché comme sèchent
ces têtes de chefs caraïbes que rapportent
de l'Océanie les Cook et les la Peyrouse ; il ne quitte pas les Jacobins, et,
aux émotions invisibles à tous qu'il y

éprouve, il gagne des hémorrhagies qui, deux ou trois fois, l'ont laissé sans connaissance. Vous êtes un grand algébriste, Gilbert, eh bien, je vous défie, par les multiplications les plus exagérées, de calculer le sang que coûtera à cette noblesse qui l'insulte, à ces prêtres qui le persécutent, à ces rois qui l'ignorent, le sang que perd Robespierre!

— Mais pourquoi vient-il aux Jacobins?

— Ah! c'est que, hué à l'Assemblée, aux Jacobins on l'écoute. Les Jacobins, mon cher docteur, c'est le minotaure enfant : il tette une vache; plus tard, il dévorera un peuple. Eh bien, des Jaco-

— Oui, parce qu'ils regardent en dedans ; ce sont ces yeux-là qui devinent l'avenir, docteur.

— Et que dit-il à Barras ?

— Il dit que, s'il avait défendu la Bastille, on ne l'aurait pas prise.

— Ce n'est donc pas un patriote ?

— Les hommes comme lui ne veulent rien être avant d'être tout.

— Ainsi, vous soutenez la plaisanterie à l'endroit de ce petit sous-lieutenant ?

— Gilbert, dit Cagliostro en étendant

la main vers Robespierre, aussi vrai que celui-ci relèvera l'échafaud de Charles Ier, aussi vrai celui-là, — et il étendit la main vers le Corse aux cheveux plats, — aussi vrai celui-là reconstruira le trône de Charlemagne !

— Alors, s'écria Gilbert découragé, notre lutte pour la liberté est donc inutile ?

— Et qui vous dit que l'un ne fera pas autant pour elle avec son trône, que l'autre avec son échafaud ?

— Ce sera donc un Titus, un Marc-Aurèle, le Dieu de la paix venant consoler le monde de l'âge d'airain ?

bins, Robespierre est le type ; la société se résume en lui, et lui est l'expression de la société, rien de plus, rien de moins. Il marche du même pas qu'elle, sans la suivre, sans la devancer. Je vous ai promis, n'est-ce pas, de vous faire voir un petit instrument dont on s'occupe en ce moment-ci, et qui a pour but de faire tomber une tête, peut-être deux, par minute ; eh bien, de tous les personnages ici présents, celui qui donnera le plus de besogne à cet instrument de mort, c'est le petit avocat d'Arras, M. de Robespierre.

— En vérité, comte, dit Gilbert, vous êtes funèbre, et, si votre César ne me console pas un peu de votre Brutus, je suis capable d'oublier la cause pour laquelle je suis venu.... Pardon, mais où est passé César ?

— Tenez, le voyez-vous, là-bas? Il cause avec un homme qu'il ne connaît pas encore, et qui aura plus tard une grande influence sur sa destinée; cet homme s'appelle Barras; — retenez ce nom, et rappelez-vous-le dans l'occasion.

— Je ne sais pas si vous vous trompez, comte, dit Gilbert, mais, en tous cas, vous choisissez bien vos types. Votre César a un véritable front à porter la couronne, et ses yeux, dont je ne puis pas trop saisir l'expression...

qu'il ne s'aperçut point, entraîné qu'il
était par le cours de ses pensées, que
la séance était ouverte, et qu'un orateur
montait à la tribune.

Une heure s'était écoulée sans que le
bruit de l'assemblée ou des tribunes,
si orageuse que fût la séance, eût pu tirer Gilbert de sa méditation, lorsqu'il
sentit une main puissante et crispée se
poser sur son épaule.

Il se retourna.—Cagliostro avait dispa-
ru ; mais, à sa place, il trouva Mirabeau.

Mirabeau, le visage bouleversé par la
colère !

Gilbert le regarda d'un œil interro-
gateur.

— Eh bien! dit Mirabeau.

— Qu'y a-t-il? demanda Gilbert.

— Il y a que nous sommes joués, bafoués, trahis ; il y a que la cour ne veut pas de moi, qu'elle vous a pris pour une dupe, et moi pour un sot.

— Je ne vous comprends pas, comte.

— Vous n'avez donc pas entendu?

— Quoi?

— La résolution qui vient d'être prise?

— Où?

— Ce sera à la fois Alexandre et Annibal. Né au milieu de la guerre, il grandira par la guerre, et tombera par la guerre. Je vous ai défié de calculer le sang que coûterait à la noblesse et au clergé le sang que perd Robespierre ; prenez le sang qu'auront perdu prêtres et nobles, entassez multiplications sur multiplications, et vous n'atteindrez pas au fleuve, au lac, à la mer de sang que versera cet homme, avec ses armées de cinq cent mille soldats, et ses batailles de trois jours, dans lesquelles on tirera cent cinquante mille coups de canon !

— Et que résultera-t-il de ce bruit, de cette fumée, de ce chaos ?

— Ce qui résulte de toute genèse, Gilbert. Nous sommes chargés d'enterrer le vieux monde ; nos enfants verront naître le monde nouveau ; — cet homme, c'est le géant qui en garde la porte ; comme Louis XIV, comme Léon X, comme Auguste, il donnera son nom au siècle qui va s'ouvrir.

— Et comment s'appelle cet homme ? demanda Gilbert, subjugué par l'air de conviction de Cagliostro.

— Il ne s'appelle encore que Bonaparte, répondit le prophète ; mais, un jour, il s'appellera Napoléon.

Gilbert inclina sa tête sur sa main, et tomba dans une rêverie si profonde,

— Ici.

— Quelle résolution ?

— Alors, vous dormiez donc ?

— Non, dit Gilbert, je rêvais !

— Eh bien, demain, en réponse à ma motion d'aujourd'hui qui propose d'inviter les ministres à assister aux délibérations nationales, trois amis du roi vont demander qu'aucun membre de l'Assemblée ne puisse être ministre pendant le cours de la session. Alors, cette combinaison si laborieusement élevée s'écroule au souffle capricieux de Sa Majesté Louis XVI ! Mais, — continua Mirabeau en étendant, comme Ajax, son poing fermé vers le ciel, — mais, sur mon nom de Mirabeau, je le leur rendrai, et, si leur souffle peut renverser un ministère, ils verront que le mien peut ébranler un trône !

— Mais, dit Gilbert, vous n'en irez pas moins à l'Assemblée ? vous n'en lutterez pas moins jusqu'au bout ?

— J'irai à l'Assemblée, je lutterai jusqu'au bout ! Je suis de ceux que l'on n'enterre pas sous des ruines.

Et Mirabeau, à moitié foudroyé, sortit plus beau et plus terrible de ce sillon divin que le tonnerre venait d'imprimer à son front.

Le lendemain, en effet, sur la proposition de Lanjuinais, malgré les efforts d'un génie surhumain déployé par Mirabeau, l'Assemblée nationale, à une immense majorité, adopta cette motion qu'aucun membre de l'Assemblée ne pourrait être ministre pendant tout le cours de la session.

— Et, moi, cria Mirabeau quand le décret fut voté, je propose un amendement qui ne changera rien à votre loi. Le voici : « Tous les membres de la présente assemblée pourront être ministres, excepté M. le comte de Mirabeau. »

Chacun se regarda étourdi de cette audace ; puis, au milieu du silence universel, Mirabeau descendit de son estrade de ce pas dont il avait marché à M. de Dreux-Brézé quand il lui avait dit : « Nous sommes ici par la volonté du peuple, nous n'en sortirons que la baïonnette dans le ventre ! »

Il sortit de la salle.

La défaite de Mirabeau ressemblait au triomphe d'un autre.

Gilbert n'était pas même venu à l'Assemblée. Il était resté chez lui, et rêvait aux étranges prédictions de Cagliostro sans y croire, mais, cependant, sans pouvoir les effacer de son esprit.

Le présent lui paraissait bien petit auprès de l'avenir.

Peut-être me demandera-t-on comment, simple historien du temps écoulé, — *temporis acti*, — j'expliquerai la prédiction de Cagliostro relative à Robespierre et à Napoléon.

Je demanderai à celui qui me fera cette question de m'expliquer la prédiction de mademoiselle Lenormand à Joséphine.

A chaque pas, on rencontre, en ce monde, une chose inexplicable; c'est pour ceux qui ne peuvent pas les expliquer et qui ne veulent pas y croire que le doute a été inventé.

II

Metz et Paris.

Comme l'avait dit Cagliostro, comme l'avait deviné Mirabeau, c'était le roi qui avait fait échouer tous les projets de Gilbert.

La reine, qui, dans les ouvertures faites à Mirabeau, avait mis plutôt le dépit d'une amante et la curiosité d'une femme que la politique d'une reine, vit tomber, sans grand regret, tout cet échafaudage constitutionnel qui blessait toujours vivement son orgueil.

Quant au roi, sa politique était d'attendre, de gagner du temps, et de profiter des circonstances. D'ailleurs, deux négociations entamées lui offraient, d'un côté ou de l'autre, cette chance de fuite de Paris, et de retraite dans une place forte, qui était son plan favori.

Ces deux négociations, nous le savons, étaient celles qui se trouvaient engagées, d'un côté, par Favras, l'homme de Monsieur; de l'autre, par Charny, le propre messager de Louis XVI.

Charny avait fait le voyage de Paris à Metz en deux jours. Il avait trouvé M. de Bouillé à Metz, et lui avait remis la lettre du roi. Cette lettre, on se le rappelle, n'était qu'un moyen de mettre Charny en relation avec M. de Bouillé; aussi, celui-ci, tout en marquant son mécontentement des choses qui se passaient, commença-t-il par se tenir sur une grande réserve.

En effet, l'ouverture faite à M. de Bouillé, en ce moment, changeait tous les plans de celui-ci : l'impératrice Catherine venait de lui faire des offres, et il était sur le point d'écrire au roi, pour lui demander la permission de prendre du service en Russie, lorsque arriva la lettre de Louis XVI.

Le premier mouvement de M. de Bouillé avait donc été l'hésitation ; mais, au nom de Charny, au souvenir de sa parenté avec M. de Suffren, au bruit qui courait que la reine l'honorait de toute sa confiance, il s'était, en fidèle royaliste, senti pénétré du désir d'arracher le roi à cette liberté factice que beaucoup regardaient comme une captivité réelle.

Cependant, avant de rien décider avec Charny, M. de Bouillé, prétendant que les pouvoirs de celui-ci n'étaient pas assez étendus, résolut d'envoyer à Paris, pour s'entretenir directement avec le roi de cet important projet, son fils, le comte Louis de Bouillé.

Charny resterait à Metz pendant ces

négociations ; aucun désir personnel ne le rappelait à Paris, et son honneur, peut-être un peu exagéré, lui faisait presque un devoir de demeurer à Metz comme une espèce d'otage.

Le comte Louis arriva à Paris vers le milieu du mois de novembre. A cette époque, le roi était gardé à vue par M. de la Fayette, et le comte Louis était cousin de M. de la Fayette.

Il descendit chez un de ses amis, dont les opinions patriotiques étaient fort connues, et qui voyageait, alors, en Angleterre.

Entrer au château, à l'insu de M. de

la Fayette, était donc, pour le jeune homme, une chose, sinon impossible, du moins très dangereuse et très difficile.

D'un autre côté, comme M. de la Fayette devait être dans l'ignorance la plus complète des relations nouées par Charny entre le roi et M. de Bouillé, rien n'était plus simple, pour le comte Louis, que de se faire présenter au roi par M. de la Fayette lui-même.

Les circonstances semblèrent aller d'elles-mêmes au-devant des désirs du jeune officier.

Il était depuis trois jours à Paris,

n'ayant rien décidé encore, réfléchissant au moyen de parvenir jusqu'au roi, et se demandant, comme nous venons de le dire, si le plus sûr n'était pas de s'adresser à M. de la Fayette lui-même, lorsqu'un mot de ce dernier lui fut remis, le prévenant que son arrivée à Paris était connue, et l'invitant de le venir voir à l'état-major de la garde nationale ou à l'hôtel de Noailles.

C'était, en quelque sorte, la Providence répondant tout haut à la prière que lui adressait tout bas M. de Bouillé; c'était une bonne fée, comme il y en a dans les charmants contes de Perrault, prenant le chevalier par la main, et le conduisant à son but.

Le comte s'empressa de se rendre à l'état-major.

Le général venait de partir pour l'Hôtel-de-Ville, où il avait à recevoir une communication de M. Bailly.

Mais, en l'absence du général, il rencontra son aide-de-camp, M. Romeuf.

Romeuf avait servi dans le même régiment que le jeune comte; et, quoique l'un appartînt à la démocratie, et l'autre à l'aristocratie, il y avait eu entre eux quelques relations; depuis lors, Romeuf, qui avait passé dans un des régiments dissous après le 14 juillet, ne reprit plus de service que dans la garde nationale, où il occupait le poste d'aide-de-camp favori du général la Fayette.

Les deux jeunes gens, tout en différant d'opinion sur certains points, étaient d'accord sur celui-ci : tous deux aimaient et respectaient le roi.

Seulement, l'un l'aimait à la manière des patriotes, c'est-à-dire à condition qu'il jurerait la constitution; l'autre l'aimait à la manière des aristocrates, c'est-à-dire à condition qu'il refuserait le serment, et en appellerait, s'il était nécessaire, à l'étranger pour mettre à la raison les rebelles.

Par les rebelles, M. de Bouillé enten_

dait les trois quarts de l'Assemblée, la garde nationale, les électeurs, etc., etc., c'est-à-dire les cinq sixièmes de la France.

Romeuf avait vingt-six ans, et le comte Louis vingt-deux ; il était donc difficile qu'ils parlassent longtemps politique. D'ailleurs, le comte Louis ne voulait pas même qu'on le soupçonnât d'être occupé d'une idée sérieuse.

Il confia, en grand secret, à son ami Romeuf qu'il avait quitté Metz avec une simple permission, pour venir voir à Paris une femme qu'il adorait.

Pendant que le comte Louis faisait

cette confidence à l'aide-de-camp, le général la Fayette apparut sur le seuil de la porte, restée ouverte ; mais, quoiqu'il eût parfaitement vu le survenant dans une glace placée devant lui, M. de Bouillé n'en continua pas moins son récit ; seulement, malgré les signes de Romeuf, auxquels il faisait semblant de ne rien comprendre, il haussa la voix de manière à ce que le général ne perdît pas un mot de ce qu'il disait.

Le général avait tout entendu ; c'était ce que voulait le comte Louis.

Il continua de s'avancer derrière le narrateur, et, lui posant la main sur l'épaule lorsqu'il eut fini :

— Ah! monsieur le libertin! lui dit-il, voilà donc pourquoi vous vous cachez de vos respectables parents!

Ce n'était pas un juge bien sévère, un mentor bien refrogné, que ce jeune général de trente-deux ans, fort à la mode lui-même parmi toutes les femmes à la mode de l'époque; aussi le comte Louis ne parut pas très effrayé de la mercuriale qui l'attendait.

— Je m'en cachais si peu, mon cher cousin, qu'aujourd'hui même, j'allais avoir l'honneur de me présenter au plus illustre d'entre eux, s'il ne m'avait pas prévenu par ce message.

Et il montra au général la lettre qu'il venait de recevoir.

— Eh bien, direz-vous que la police de Paris est mal faite, messieurs de la province? dit le général avec un air de satisfaction prouvant qu'il mettait là un certain amour-propre.

— Nous savons qu'on ne peut rien cacher, général, à celui qui veille sur la liberté du peuple et le salut du roi !

La Fayette regarda son cousin de côté, et avec cet air à la fois bon, spirituel et un peu railleur que nous-même lui avons connu.

Il savait que le salut du roi importait

fort à cette branche de la famille, mais qu'elle s'inquiétait peu de la liberté du peuple.

Aussi ne répondit-il qu'à une partie de la phrase.

— Et mon cousin, M. le marquis de Bouillé, dit-il en appuyant sur un titre auquel il avait renoncé depuis la nuit du 4 août, n'a pas chargé son fils de quelque commission pour ce roi sur le salut duquel je veille ?

— Il m'a chargé de mettre à ses pieds l'hommage des ses sentiments les plus respectueux, répondit le jeune homme, si monsieur de la Fayette ne me jugeait pas indigne d'être présenté à mon souverain.

— Vous présenter... et quand cela ?

— Le plus tôt possible, général, attendu,— je crois avoir eu l'honneur de vous le dire, à vous ou à Romeuf, — qu'étant ici sans congé...

— Vous l'avez dit à Romeuf; mais cela revient au même, puisque je l'ai entendu... Eh bien, voyons, les bonnes choses ne doivent point être retardées; il est onze heures du matin; tous les jours, à midi, j'ai l'honneur de voir le roi et la reine ; mangez un morceau avec moi, si vous n'avez fait qu'un premier déjeuner, et je vous conduirai aux Tuileries.

— Mais, dit le jeune homme en jetant les yeux sur son uniforme et sur ses bottes, suis-je en costume, mon cher cousin?

— D'abord, répondit la Fayette, je vous dirai, mon pauvre enfant, que la grande question d'étiquette, qui a été votre mère nourrice, est bien malade, sinon morte, depuis votre départ. Puis, je vous regarde : votre habit est irréprochable, vos bottes sont de tenue ; quel costume convient mieux à un gentilhomme prêt à mourir pour son roi que son uniforme de guerre ?... Allons, Romeuf, voyez si nous sommes servis ; je mène

M. de Bouillé aux Tuileries aussitôt après le déjeuner.

Ce projet correspondait d'une façon trop directe avec les désirs du jeune homme pour qu'il y fît une objection sérieuse ; aussi s'inclina-t-il à la fois en signe de consentement, de réponse et de remerciement.

Une demi-heure après, les sentinelles des grilles présentaient les armes au général la Fayette et au jeune comte de Bouillé, sans se douter qu'elles rendaient en même temps les honneurs militaires à la révolution et à la contre-révolution.

III

La Reine.

Tous deux montèrent le petit escalier du pavillon Marsan, et se présentèrent aux appartements du premier, qu'habitaient le roi et la reine.

Toutes les portes s'ouvraient devant M. de la Fayette; les sentinelles portaient les armes, les valets de pied se courbaient : on reconnaissait facilement le roi du roi, le *maire du palais*, comme l'appelait M. Marat.

M. de la Fayette fut introduit d'abord chez la reine; — quant au roi, il était à sa forge, et l'on allait prévenir Sa Majesté.

Il y avait trois ans que M. de Bouillé n'avait vu Marie-Antoinette.

Pendant ces trois ans, les États-Généraux avaient été réunis, la Bastille avait été prise, et les journées des 5 et 6 octobre avaient eu lieu. La reine était arrivée à l'âge de trente-quatre ans; « âge touchant, dit Michelet, que tant de fois s'est plu à peindre Van Dyck; âge de la femme,

âge de la mère, et, chez Marie-Antoinette,
âge de la reine surtout! »

Depuis ces trois ans, la reine avait
bien souffert de cœur et d'esprit, d'a-
mour et d'amour-propre. Les trente-
quatre ans apparaissaient donc, chez la
pauvre femme, inscrits autour des yeux
par ces nuances légères, nacrées et vio-
lâtres qui révèlent les yeux pleins de
larmes, les nuits vides de sommeil; qui
accusent surtout ce mal profond de l'âme
dont la femme, — femme ou reine, —
ne guérit plus, dès qu'elle en est atteinte.

C'était l'âge de Marie Stuart prisonnière, l'âge où elle fit ses plus profondes
passions; l'âge où Douglas, Mortimer,
Norfolk et Babington devinrent amou-

reux d'elle, se dévouèrent et moururent pour elle.

La vue de cette reine prisonnière, haïe, calomniée, menacée, — la journée du 5 octobre avait prouvé que ces menaces n'étaient pas vaines, — fit une profonde impression sur le cœur chevaleresque du jeune Louis de Bouillé.

Les femmes ne se trompent point à l'effet qu'elles produisent, et, comme les rois et les reines ont, en outre, une mémoire des visages qui fait en quelque sorte partie de leur éducation, à peine Marie-Antoinette eut-elle aperçu M. de Bouillé, qu'elle le reconnut ; à peine eut-elle jeté les yeux sur lui, qu'elle fut certaine d'être en face d'un ami.

Il en résulta qu'avant même que le général eût fait sa présentation, qu'avant qu'il fût au pied du divan sur lequel la reine était à demi couchée, celle-ci s'était levée, et, comme on fait à la fois à une ancienne connaissance qu'on a plaisir à revoir, et à un serviteur sur la fidélité duquel on peut compter, elle s'était écriée :

— Ah ! monsieur de Bouillé !

Puis, sans s'occuper du général la Fayette, elle avait étendu la main vers le jeune homme.

Le comte Louis avait hésité un instant : il ne pouvait croire à une pareille faveur.

Cependant, la main royale restant étendue, le comte mit un genou en terre, et, de ses lèvres tremblantes, il effleura cette main.

C'était une faute que faisait là la pauvre reine, et elle en fit bon nombre de pareilles à celle-là. Sans cette faveur, M. de Bouillé lui était acquis, et, par cette faveur accordée à M. de Bouillé devant M. de la Fayette, qui, lui, n'avait jamais reçu faveur pareille, elle établissait sa ligne de démarcation, et blessait l'homme dont elle avait le plus besoin de se faire un ami.

Aussi, avec la courtoisie dont il était incapable de se départir un instant, mais avec une certaine altération dans la voix :

— Par ma foi ! mon cher cousin, dit la Fayette, c'est moi qui vous ai offert de vous présenter à Sa Majesté ; mais il me semble que c'était bien plutôt à vous de me présenter à elle.

La reine était si joyeuse de se trouver en face d'un de ces serviteurs sur lesquels elle savait pouvoir compter, la femme était si fière de l'effet qu'il lui semblait avoir produit sur le comte, que, sentant dans son cœur un de ces rayons de jeunesse qu'elle y croyait éteints, et, tout autour d'elle, comme une de ces brises de printemps et d'amour qu'elle croyait mortes, elle se retourna vers le général la Fayette et, avec un de ses sourires de Trianon et de Versailles :

— Monsieur le général, dit-elle, le comte Louis n'est pas un sévère républicain, comme vous; il arrive de Metz, et non pas d'Amérique; il ne vient point à Paris pour travailler sur la constitution, il y vient pour me présenter ses hommages. Ne vous étonnez donc pas que je lui accorde, moi, pauvre reine à moitié détrônée, une faveur qui, pour lui, pauvre provincial, mérite encore ce nom, tandis que, pour vous...

Et la reine fit une charmante minauderie, presque une minauderie de jeune fille, qui voulait dire : « Tandis que vous, monsieur le Scipion, tandis que vous, monsieur le Cincinnatus, vous vous moquez bien de pareils marivaudages! »

— Madame, dit la Fayette, j'aurai passé respectueux et dévoué près de la reine, sans que la reine ait jamais compris mon respect, ait jamais apprécié mon dévouement. Ce sera un grand malheur pour moi, un plus grand malheur peut-être encore pour elle!

Et il salua.

La reine le regarda de son œil profond et clair. Plus d'une fois, la Fayette lui avait dit de semblables paroles; plus d'une fois, elle avait réfléchi aux paroles que lui avait dites la Fayette ; mais, pour son malheur, comme venait de le dire celui-ci, elle avait une répulsion instinctive contre l'homme.

— Allons, général, dit-elle, soyez généreux, pardonnez-moi.

— Moi, madame, vous pardonner ! Et quoi ?

— Mon élan vers cette bonne famille de Bouillé, qui m'aime de tout son cœur, et dont ce jeune homme a bien voulu se faire le fil conducteur, la chaîne électrique... C'est son père, ses oncles, toute sa famille que j'ai vu apparaître lorsqu'il est entré, et qui m'a baisé la main avec ses lèvres !

La Fayette fit un nouveau salut.

— Et, maintenant, dit la reine, après le pardon, la paix : une bonne poignée de main, général... à l'anglaise ou à l'américaine !

Et elle lui tendit la main, mais ouverte et la paume en dehors.

La Fayette toucha d'une main lente et froide la main de la reine en disant :

— Je regrette que vous ne veuilliez jamais vous souvenir que je suis Français, madame. Il n'y a, cependant, pas bien loin du 6 octobre au 6 novembre...

— Vous avez raison, général, dit la

reine, faisant un effort sur elle-même et lui serrant la main, c'est moi qui suis une ingrate.

Et, se laissant retomber sur son sopha, comme brisée par l'émotion :

— D'ailleurs, cela ne doit pas vous étonner, dit-elle; vous savez que c'est le reproche qu'on me fait....

Puis, secouant la tête :

— Eh bien, général, qu'y a-t-il de nouveau dans Paris? demanda-t-elle.

La Fayette avait une petite vengeance à exercer; il saisit l'occasion.

— Ah! madame, dit-il, combien je regrette que vous n'ayez pas été hier à l'Assemblée! Vous eussiez vu une scène touchante, et qui eût bien certainement ému votre cœur : un vieillard venant remercier l'Assemblée du bonheur qu'il lui devait, à elle et au roi,— car l'Assemblée ne peut rien sans la sanction royale...

— Un vieillard? répéta la reine distraite.

— Oui, madame; mais quel vieillard! le doyen de l'humanité! un paysan main-mortable du Jura, âgé de cent-vingt ans, amené à la barre par cinq générations de descendants, et venant remercier l'Assemblée de ses décrets du

4 août. Comprenez-vous, madame ? un homme qui a été serf un demi siècle sous Louis XIV, et quatre-vingts ans depuis !

— Et qu'a fait l'Assemblée en faveur de cet homme ?

— Elle s'est levée tout entière, et l'a forcé, lui, de s'asseoir et de se couvrir.

— Ah ! dit la reine de ce ton qui n'appartenait qu'à elle, ce devait être, en effet, fort touchant ; mais, à mon regret, je n'étais pas là... Vous savez mieux que personne, mon cher général, ajouta-t-elle en souriant, que je ne suis pas toujours où je veux...

Le général fit un mouvement qui signifiait qu'il avait quelque chose à répondre ; mais la reine continua, sans lui laisser le temps de rien dire :

— Non, j'étais ici... je recevais la femme François, la pauvre veuve de ce malheureux boulanger de l'Assemblée, que l'Assemblée a laissé assassiner à sa porte... Que faisait donc l'Assemblée ce jour-là, monsieur de la Fayette?

— Madame, répondit le général, vous parlez là d'un des malheurs qui ont le plus affligé les représentants de la France. L'Assemblée n'avait pu prévenir le meurtre; elle a, du moins, puni les meurtriers.

— Oui, mais cette punition, je vous

jure, n'a point consolé la pauvre femme. Elle a manqué devenir folle, et l'on croit qu'elle accouchera d'un enfant mort. Si l'enfant est vivant, je lui ai promis d'en être la marraine, et, pour que le peuple sache que je ne suis pas aussi insensible qu'on le dit aux malheurs qui lui arrivent, je vous demanderai, mon cher général, s'il n'y a pas d'inconvénient à ce que le baptême se fasse à Notre-Dame.

La Fayette leva la main, comme un homme qui est prêt à demander la parole, et qui est enchanté qu'on la lui accorde.

— Justement, madame, dit-il, c'est la seconde allusion que vous faites depuis un instant, à cette prétendue captivité dans laquelle on voudrait faire croire à vos fidèles serviteurs que je vous tiens... Madame, je me hâte de le dire devant mon cousin, je le répéterai, s'il le faut, devant Paris, devant l'Europe, devant le monde; je l'ai écrit hier à monsieur Mounier, qui se lamente, au fond du Dauphiné, sur la captivité royale;—Madame, vous êtes libre! et je n'ai qu'un désir, je ne vous adresse même qu'une prière : c'est que vous en donniez la preuve, le roi en reprenant ses chasses et ses voyages, et vous en l'accompagnant.

La reine sourit comme une personne mal convaincue.

— Quant à être la marraine du pauvre

orphelin qui va naître dans le deuil, la reine, en prenant cet engagement avec la veuve, a obéi à cet excellent cœur qui la fait respecter et aimer de tout ce qui l'entoure. Lorsque le jour de la cérémonie sera arrivé, la reine choisira l'église où elle désire que cette cérémonie ait lieu ; elle donnera ses ordres, et, selon ses ordres, tout sera fait. — Et, maintenant, continua le général en s'inclinant, j'attends ceux dont il plaira à Votre Majesté de m'honorer pour aujourd'hui.

— Pour aujourd'hui, mon cher général, dit la reine, je n'ai pas d'autre prière à vous faire que d'inviter votre cousin, s'il reste encore quelques jours à Paris, à vous accompagner à l'un des cercles de madame de Lamballe. Vous savez qu'elle reçoit pour elle et pour moi.

— Et, moi, madame, répondit la Fayette, je profiterai de l'invitation pour mon compte et pour le sien, et, si Votre Majesté ne m'a pas vu plus tôt chez madame de Lamballe, je la prie d'être bien persuadée que c'est qu'elle a oublié de me manifester le désir qu'elle avait de m'y voir.

La reine répondit par une inclinaison de tête et par un sourire.

C'était le congé.

Chacun en prit ce qui lui revenait :

La Fayette, le salut; le comte Louis, le sourire.

Tous deux sortirent à reculons, emportant de cette entrevue, l'un plus d'amertume, l'autre plus de dévouement.

IV

Le Roi.

A la porte de l'appartement de la reine, les deux visiteurs trouvèrent le valet de chambre du roi, François Hue, qui les attendait.

Le roi faisait dire à M. de la Fayette, qu'ayant commencé, pour se distraire, un ouvrage de serrurerie très important, il le priait de monter jusqu'à la forge.

Une forge était la première chose dont s'était informé Louis XVI en arrivant aux Tuileries, et, apprenant que cet objet d'indispensable nécessité pour lui, avait été oublié dans les plans de Catherine de Médicis et de Philibert Delorme, il avait choisi au second, juste au-dessus de sa chambre à coucher, une grande mansarde ayant escalier extérieur et escalier intérieur, pour en faire son atelier de serrurerie.

Au milieu des graves préoccupations qui étaient venues l'assaillir depuis cinq semaines à peu près qu'il était aux Tuileries, Louis XVI n'avait pas un instant oublié sa forge ; sa forge avait été son idée fixe : il avait présidé à l'aménagement, avait lui-même marqué la place du soufflet, du foyer, de l'enclume, de l'établi et des étaux. Enfin, la forge était installée de la veille ; limes rondes, limes bâtardes, limes à refendre, langues-de-carpe et becs-d'âne étaient à leur place ; marteaux à devant, marteaux à pleine croix, marteaux à bigorner pendaient à leurs clous ; tenailles tricoises, tenailles à chanfrein, mordaches à prisonnier se tenaient à la portée de la main. Louis XVI n'avait pu y résister plus longtemps, et, depuis le matin, il s'était ardemment remis à cette besogne qui était une si grande distraction pour lui, et dans laquelle il fût passé maître, si, comme nous l'avons vu, au grand regret de maître Gamain, un tas de fainéants tels que M. Turgot, M. de Calonne et M. Necker, ne l'eussent distrait de cette savante occupation, en lui parlant, non-seulement des affaires de la France,— ce que permettait à la rigueur maître Gamain, — mais encore, — ce qui lui paraissait bien inutile, — des affaires du Brabant, de l'Autriche, de l'Angleterre, de l'Amérique et de l'Espagne !

Cela explique donc comment le roi Louis XVI, dans la première ardeur de son travail, au lieu de descendre auprès de M. de la Fayette, avait prié M. de la Fayette de monter près de lui.

Puis aussi peut-être, après s'être laissé voir au commandant de la garde nationale dans sa faiblesse de roi, n'était-il pas fâché de se montrer à lui dans sa majesté de serrurier.

Comme pour conduire les visiteurs à la forge royale, le valet de chambre n'avait pas jugé à propos de traverser les appartements et de leur faire monter l'escalier particulier. M. de la Fayette et le comte Louis contournaient ces appartements par les corridors, et montaient l'escalier public, ce qui allongeait fort leur chemin.

Il arriva de cette déviation de la ligne droite que le jeune comte Louis eut le temps de réfléchir.

Il réfléchit donc.

Si plein qu'il eût le cœur du bon accueil que lui avait fait la reine, il ne pouvait méconnaître qu'il ne fût point attendu par elle : aucune parole à double sens, aucun geste mystérieux ne lui avaient donné à entendre que l'auguste prisonnière, comme elle prétendait être, eût connaissance de la mission dont il était chargé, et comptât le moins du monde sur lui pour la tirer de sa captivité. Cela, au reste, se rapportait bien à ce qu'avait dit Charny du secret que le roi avait fait à tous, et même à la reine, de la mission dont il l'avait chargé. Quelque bonheur que le comte Louis eût à revoir la reine, il était donc évident que ce n'était pas près d'elle qu'il devait revenir chercher la solution de son message.

C'était à lui d'étudier si, dans l'accueil du roi, si, dans ses paroles ou dans ses gestes, il n'y avait pas quelque signe compréhensible à lui seul, et qui lui indiquât que Louis XVI était mieux renseigné que M. de la Fayette sur les causes de son voyage à Paris.

A la porte de la forge, le valet de chambre se retourna, et, comme il ignorait le nom de M. de Bouillé :

— Qui annoncerai-je? demanda-t-il.

— Annoncez le général en chef de la

garde nationale, j'aurai l'honneur de présenter moi-même monsieur à Sa Majesté.

— M. le commandant en chef de la garde civique, dit le valet de chambre.

Le roi se retourna.

— Ah! ah! fit-il, c'est vous, monsieur de la Fayette ; je vous demande pardon de vous faire monter jusqu'ici ; mais le serrurier vous assure que vous êtes le bienvenu dans sa forge. Un charbonnier disait à mon aïeul Henri IV : « Charbonnier est maître chez soi. » je vous dis, moi, général : « Vous êtes maître chez le serrurier comme chez le roi. »

Louis XVI, ainsi qu'on le voit, attaquait la conversation de la même façon à peu près que l'avait attaquée Marie-Antoinette.

— Sire, répondit M. de la Fayette, en quelque circonstance que j'aie l'honneur de me présenter devant le roi, à quelque étage et sous quelque costume qu'il me reçoive, le roi sera toujours le roi, et celui qui lui offre en ce moment ses humbles hommages sera toujours fidèle sujet et son dévoué son serviteur.

— Je n'en doute pas, marquis... mais vous n'êtes pas seul. Avez-vous changé d'aide-de-camp, et ce jeune officier tient-il près de vous la place de M. Gouvion ou de M. Romeuf?

— Ce jeune officier, Sire, — et je demande à Votre Majesté la permission de le lui présenter, — est mon cousin, le comte Louis de Bouillé, capitaine aux dragons de Monsieur.

— Ah! ah! fit le roi en laissant échapper un léger tressaillement que remarqua le jeune gentilhomme, ah! oui, M. le comte Louis de Bouillé, fils du marquis de Bouillé, commandant à Metz.

— C'est cela même, Sire, dit vivement le jeune comte.

— Ah! monsieur le comte Louis de Bouillé, pardonnez-moi de ne pas vous avoir reconnu : j'ai la vue basse... Et père m'a envoyé à Paris pour m'entendre avec Votre Majesté, et acquérir cette certitude que le comte venait bien de la part du roi. »

M. de la Fayette jeta un regard curieux autour de lui. Beaucoup avaient pénétré dans le cabinet de travail du roi, dans la salle de son conseil, dans sa bibliothèque, dans son oratoire même; peu avaient eu cette insigne faveur d'être admis dans la forge, où le roi devenait apprenti, et où le véritable roi, le véritable maître était M. Gamain.

Le général remarqua l'ordre parfait avec lequel tous les outils étaient rangés; ce qui n'était pas étonnant, au reste, puisque, depuis le matin seulement, le roi était à la besogne.

Hue lui avait servi d'apprenti, et avait tiré le soufflet.

— Et Votre Majesté, dit la Fayette, assez embarrassé du sujet qu'il pouvait aborder avec un roi qui le recevait les manches retroussées, la lime à la main, et le tablier de cuir devant lui ; et Votre Majesté, dit la Fayette, a entrepris un ouvrage important?

— Oui, général, j'ai entrepris le grand œuvre de la serrurerie : une serrure ! — Je vous dis ce que je fais, afin que, si M. Marat savait que je me suis remis à l'atelier, et qu'il prétendît que je forge des fers pour la France, vous puissiez lui répondre, si toutefois vous mettez la main dessus, que ce n'est pas vrai... Vous n'êtes pas compagnon ni maître, monsieur de Bouillé?

— Non, Sire; mais je suis apprenti, et, si je pouvais être utile en quelque chose à Votre Majesté...

— Eh! c'est vrai, mon cher cousin, dit la Fayette, le mari de votre nourrice n'était-il pas serrurier, et votre père ne disait-il pas, quoiqu'il soit assez médiocre admirateur de l'auteur d'*Émile,* que, s'il avait à suivre à votre endroit les conseils de Jean-Jacques, il ferait de vous un serrurier?

— Justement, monsieur, et c'est pourquoi j'avais l'honneur de dire à Sa Majesté que, si elle avait besoin d'un apprenti...

— Un apprenti ne me serait pas inutile, monsieur, dit le roi ; mais c'est surtout un maître qu'il me faudrait.

— Quelle serrure Sa Majesté fait-elle donc? demanda le jeune comte avec cette quasi familiarité qu'autorisait le costume du roi et le lieu où il se trouvait; est-ce une serrure à vielle, une serrure treffilière, une serrure à pêne dormant, une serrure à houssettes ou une serrure à clanche?

— Oh! oh! mon cousin, dit la Fayette,

vous avez quitté Metz il y a longtemps?

— Il y a cinq jours, Sire, et, me trouvant à Paris sans congé officiel, mais avec une permission spéciale de mon père, je suis venu solliciter de mon parent, M. de la Fayette, l'honneur d'être présenté à Votre Majesté.

— De M. de la Fayette?... Vous avez bien fait, monsieur le comte ; personne n'était plus à même de vous présenter à toute heure, et de la part de personne la présentation ne pouvait m'être plus agréable.

Le *à toute heure* indiquait que M. de la Fayette avait conservé les grandes et les petites entrées qui lui avaient été accordées à Versailles.

Au reste, le peu de paroles qu'avait dites Louis XVI avait suffi pour indiquer au jeune comte qu'il eût à se tenir sur ses gardes. Cette question surtout : « Y a-t-il longtemps que vous avez quitté Metz? » signifiait : « Avez-vous quitté Metz depuis l'arrivée du comte de Charny? »

La réponse du messager avait dû renseigner suffisamment le roi. « J'ai quitté Metz, il y a cinq jours, et suis à Paris sans congé, mais avec une permission spéciale de mon père; » cela voulait dire : « Oui, Sire, j'ai vu M. de Charny, et mon

— Et il n'aura qu'à se présenter, Sire, pour être admis auprès du roi ; son nom lui servira de laissez-passer. Dieu me garde, Sire, de cette réputation qu'on me fait, de geôlier, de concierge, de porte-clefs! Jamais le roi n'a été plus libre qu'il ne l'est en ce moment; je venais même supplier Sa Majesté de reprendre ses chasses, ses voyages.

— Oh! mes chasses, non, merci... D'ailleurs, pour le moment, vous le voyez, j'ai tout autre chose en tête..... Quant à mes voyages, c'est différent : le dernier que j'ai fait, de Versailles à Paris, m'a guéri du désir de voyager... en si grande compagnie du moins.

Et le roi jeta un nouveau coup d'œil

au comte de Bouillé, qui, par un simple clignement de paupières, laissa entendre au roi qu'il avait compris.

— Et, maintenant, monsieur, dit le roi s'adressant au jeune comte, quittez-vous bientôt Paris pour retourner près de votre père?

— Sire, répondit le gentilhomme, je quitte Paris dans deux ou trois jours, mais non pour retourner à Metz; j'ai ma grand'mère qui demeure à Versailles, *rue des Réservoirs*, et à laquelle je dois rendre mes hommages; puis, je suis chargé par mon père de terminer une affaire de famille assez importante, et, d'ici à huit ou dix jours seulement, je puis je ne sais pas ce que vous pouvez faire comme homme pratique; mais, comme homme de théorie, vous me paraissez fort au courant, je ne dirai pas du métier, puisqu'un roi l'a ennobli, mais de l'art!

Louis XVI avait écouté avec un plaisir visible la nomenclature de serrures que venait de faire le jeune gentilhomme.

— Non, dit-il, c'est tout bonnement une serrure à secret, ce qu'on appelle une serrure bénarde, s'ouvrant des deux côtés. Mais je crains bien d'avoir trop présumé de mes forces... Ah! si j'avais encore mon pauvre Gamain, lui qui se disait maître sur maître, maître sur tous!

— Le brave homme est-il donc mort, Sire ?

— Non, répondit le roi en jetant au jeune homme un coup d'œil qui voulait dire : « Comprenez à demi mot ; » non, il est à Versailles, rue des Réservoirs. Le cher homme n'aura pas osé me venir voir aux Tuileries.

— Pourquoi cela, Sire ? demanda la Fayette.

— Mais... de peur de se compromettre. Un roi de France est fort compromettant, à l'heure qu'il est, mon cher général ; et, la preuve, c'est que tous mes amis sont, les uns à Londres, les autres à Coblence ou à Turin. Cependant, mon cher général, continua le roi, si vous ne voyez aucun inconvénient à ce qu'il vienne avec un de ses apprentis me donner un coup de main, je l'enverrai chercher un de ces jours.

— Sire, répondit vivement M. de la Fayette, Votre Majesté sait bien qu'elle est parfaitement libre de prévenir qui elle veut, de voir qui lui plaît.

— Oui, à la condition que vos sentinelles tâteront les visiteurs, comme on fait des contrebandiers à la frontière... C'est pour le coup que mon pauvre Gamain se croirait perdu, si on allait prendre sa trousse pour une giberne, et ses limes pour des poignards!

— Sire, je ne sais, en vérité, comment m'excuser auprès de Votre Majesté ; mais je réponds à Paris, à la France, à l'Europe, de la vie du roi, et je ne puis prendre trop de précautions pour que cette précieuse vie soit sauve. Quant au brave homme dont nous parlons, le roi peut donner lui-même les ordres qu'il lui conviendra.

— C'est bien ; merci, monsieur de la Fayette ; mais cela ne presse pas ; dans huit ou dix jours seulement, j'aurai besoin de lui, ajouta-t-il en jetant un regard de côté à M. de Bouillé, de lui et de son apprenti... Je le ferai prévenir par mon valet de chambre Durey, qui est de ses amis.

voir la personne dont je dois prendre les ordres en cette occasion. Je ne serai donc auprès de mon père que dans les premiers jours de décembre, à moins que le roi ne désire, par quelque motif particulier, que je hâte mon retour à Metz.

— Non, monsieur, dit le roi, non, prenez votre temps; allez à Versailles, faites les affaires dont le marquis vous a parlé, et, quand elles seront faites, allez lui dire que je ne l'oublie pas, que je le sais un de mes plus fidèles, et que je le recommanderai un jour à M. de la Fayette, pour que M. de la Fayette le recommande à M. Duportal.

La Fayette sourit du bout des lèvres

en entendant cette nouvelle allusion à son omnipotence.

— Sire, dit-il, j'eusse depuis longtemps recommandé moi-même MM. de Bouillé à Votre Majesté, si je n'avais l'honneur d'être des parents de ces messieurs. La crainte que l'on ne dise que je détourne les faveurs du roi sur ma famille m'a seule empêché jusqu'ici de faire cette justice.

— Eh bien! cela tombe à merveille, monsieur de la Fayette, nous en reparlerons, n'est-ce pas?

— Le roi me permettra-t-il de lui dire que mon père regarderait comme une défaveur, comme une disgrâce même, un avancement qui lui enlèverait, en tout ou en partie, les moyens de servir Sa Majesté.

— Oh! c'est bien entendu, comte, dit le roi; et je ne permettrai qu'on touche à la position de M. de Bouillé que pour la faire encore plus selon ses désirs et les miens. Laissez-nous mener cela, M. de la Fayette et moi, et allez à vos plaisirs, sans que cela pourtant vous fasse oublier les affaires... allez, messieurs, allez.

Et il congédia les deux gentilshommes d'un air de majesté qui faisait un assez singulier contraste avec le costume vulgaire dont il était revêtu.

Puis, lorsque la porte fut refermée :

— Allons, dit-il, je crois que le jeune homme m'a compris, et que, *dans huit ou dix jours*, j'aurai maître Gamain et son apprenti pour m'aider à poser ma serrure.

V

D'anciennes connaissances.

Le soir même du jour où M. Louis de Bouillé avait eu l'honneur d'être reçu par la reine d'abord, et par le roi ensuite, entre cinq ou six heures, il se passait, au troisième et dernier étage d'une vieille, petite, sale et sombre maison de la rue de la Juiverie, une scène à laquelle nous prierons nos lecteurs de permettre que nous les fassions assister.

En conséquence, nous les prendrons à l'entrée du Pont-au-Change, soit à la descente de leur carrosse, soit à la descente de leur fiacre, selon qu'ils auront six mille livres à dépenser par an, pour un cocher, deux chevaux et une voiture, ou trente sous à donner par jour, pour une simple voiture numérotée. Nous suivrons avec eux le Pont-au-Change; nous entrerons dans la rue de la Pelleterie; nous tomberons dans la rue Saint-Jacques, que nous suivrons jusqu'à la rue de la Juiverie, où nous nous arrêterons en face de la troisième porte à gauche.

Nous savons bien que la vue de cette porte,— que les locataires de la maison ne se donnent même pas la peine de fermer, tant ils se croient à l'abri de toute tentative nocturne de la part de MM. les voleurs de la Cité, — n'est pas fort attrayante ; mais, nous l'avons déjà dit, nous avons besoin des gens qui habitent dans les mansardes de cette maison, et, comme ils ne viendraient pas nous trouver, c'est à nous, cher lecteur ou bien-aimée lectrice, d'aller bravement à eux.

Assurez donc le plus possible votre marche, pour ne pas glisser dans la boue visqueuse qui fait le sol de l'allée étroite où nous nous engageons; serrons nos vêtements le long de notre corps, pour qu'ils ne frôlent même pas les parois de l'escalier humide et graisseux qui rampe au fond de cette allée comme les tronçons d'un serpent mal rejoints; approchons un flacon de vinaigre ou un mouchoir parfumé de notre visage, pour que le plus subtil et le plus aristocrate de nos sens, l'odorat, échappe, autant que possible, au contact de cet air chargé d'azote que l'on respire à la fois par la bouche, par le nez et par les yeux, et arrêtons-nous sur le palier du troisième, en face de cette porte où l'innocente main d'un jeune dessinateur a tracé à la craie des figures qu'au premier abord on pourrait prendre pour des signes cabalistiques, et qui ne sont que des essais malheureux dans l'art sublime des Léonard de Vinci, des Raphaël et des Michel-Ange.

Arrivés là, nous regarderons, si vous voulez bien, à travers le trou de la serrure, afin, cher lecteur ou bien-aimée lectrice, que vous reconnaissiez, si vous avez bonne mémoire, les personnages que vous allez rencontrer. D'ailleurs, si vous ne les reconnaissez pas à la vue, vous appliquerez votre oreille à la porte et vous écouterez ; il sera bien difficile alors, pour peu que vous ayez lu notre livre du *Collier de la Reine,* que l'ouïe ne vienne pas au secours de la vue. Nos sens se complètent les uns par les autres.

— Disons, d'abord, ce que l'on voit en regardant par le trou de la serrure.

L'intérieur d'une chambre qui indique la misère, et qui est habitée par trois personnes. Ces trois personnes sont un homme, une femme et un enfant.

L'homme a quarante-cinq ans, et en paraît cinquante-cinq; la femme en a trente-quatre, et en paraît quarante; l'enfant a cinq ans et paraît son âge : il n'a pas encore eu le temps de vieillir deux fois.

L'homme est vêtu d'un ancien uniforme aux gardes-françaises, uniforme vénéré depuis le 14 juillet, jour où les gardes-françaises se réunirent au peuple pour échanger des coups de fusil avec les Allemands de M. de Lambesc et les Suisses de M. de Besenval.

Il tient à la main un jeu de cartes complet, depuis l'as, en passant par le deux, le trois et le quatre de chaque couleur, jusqu'au roi; il essaie, pour la centième fois, pour la millième fois, pour la dix millième fois, une martingale infaillible; un carton piqué d'autant de trous qu'il y a d'étoiles au ciel repose à ses côtés.

Nous avons dit *repose*, et nous nous hâtons de nous reprendre. Repose est un mot bien impropre employé à l'endroit de ce carton; car le joueur, — il est incontestable que c'est un joueur, — le tourmente incessamment en le consultant de cinq minutes en cinq minutes.

La femme est vêtue d'une ancienne robe de soie. Chez elle, la misère est d'autant plus terrible qu'elle apparaît avec des restes de luxe. Ses cheveux sont relevés en chignon avec un peigne de cuivre autrefois doré; ses mains sont scrupuleusement propres, et, à force de propreté, ont conservé ou plutôt ont acquis un certain air aristocratique; ses ongles, que M. le baron de Taverney, dans son réalisme brutal, appelait de la corne, sont habilement arrondis vers la pointe; enfin, des pantoufles passées de ton, éraillées en certains endroits, qui furent autrefois brodées d'or et de soie, jouent à ses pieds, couverts par des restes de bas à jour.

Quant au visage, nous l'avons dit, c'est celui d'une femme de trente-quatre à trente-cinq ans, qui, s'il était artistement travaillé à la mode du temps, pourrait permettre à celle qui le porte de se donner cet âge auquel pendant un lustre, comme dit l'abbé de Celles, et même pendant deux lustres, les femmes se cramponnent avec acharnement : vingt-neuf ans; mais qui, privé de rouge et de blanc, dénué, par conséquent, de tout moyen de cacher les douleurs et les misères, — cette troisième et quatrième aile du temps, — accuse quatre ou cinq années de plus que la réalité.

Au reste, toute dénuée qu'est cette figure, on se prend à rêver en la voyant;

et, sans pouvoir se faire de réponse,—tant l'esprit, si hardi que soit son vol, hésite à franchir une pareille distance,— on se demande dans quel palais doré, dans quel carrosse à six chevaux, au milieu de quelle poussière royale on a vu un resplendissant visage dont celui-ci n'est que le pâle reflet.

L'enfant a cinq ans, comme nous l'avons dit. Il a les cheveux frisés d'un chérubin, les joues rondes d'une pomme d'api, les yeux diaboliques de sa mère, la bouche gourmande de son père, la paresse et les caprices de tous les deux.

Il est revêtu d'un reste d'habit de velours nacarat, et, tout en mangeant un morceau de pain beurré de confitures chez l'épicier du coin, il effile les débris d'une vieille ceinture tricolore frangée de cuivre dans le fond d'un vieux chapeau de feutre gris-perle.

Le tout est éclairé par une chandelle à lumignon gigantesque, à laquelle une bouteille vide sert de chandelier, et qui, tout en plaçant l'homme aux cartes dans la lumière, laisse le reste de l'appartement dans une demi-obscurité.

Cela posé, et comme, selon nos prévisions, l'inspection à l'œil nu ne nous a rien appris, écoutons.

C'est l'enfant qui rompt le premier le silence en jetant par-dessus sa tête sa tartine de pain, qui va retomber sur le pied du lit, réduit à un matelas.

— Maman, dit-il, je ne veux plus de pain et de confitures... pouah!

— Eh bien! que veux-tu, Toussaint?

— Je veux un bâton de sucre d'orge rouge.

— Entends-tu, Beausire? dit la femme.

Puis, voyant qu'absorbé dans ses calculs, Beausire ne répond pas:

— Entends-tu ce que dit ce pauvre enfant? reprend-elle plus haut.

Même silence.

Alors, ramenant son pied à la hauteur de sa main, et prenant sa pantoufle, qu'elle jette au nez du calculateur:

— Eh! Beausire! dit-elle.

— Eh bien! qu'y a-t-il? répondit celui-ci avec un visible accent de mauvaise humeur.

— Il y a que Toussaint demande du sucre d'orge rouge, parce qu'il ne veut plus de confitures... pauvre enfant!

— Il en aura demain.

— J'en veux aujourd'hui, j'en veux ce soir, j'en veux tout de suite, moi! crie l'enfant d'un ton pleureur qui menace de devenir orageux.

— Toussaint, mon ami, dit le père, je te conseille de nous accorder du silence, ou tu aurais affaire à papa.

L'enfant jeta un cri, mais qui lui était bien plutôt arraché par le caprice que par l'effroi.

—Touche un peu au petit, ivrogne! et, à ton tour, tu auras affaire à moi, dit la mère en allongeant vers Beausire cette main blanche qui, grâce au soin qu'avait pris sa propriétaire d'en effiler les ongles, pouvait, au besoin, servir de griffe.

—Et qui diable veut y toucher, à cet enfant? Tu sais bien que c'est une façon de parler, madame Oliva, et que si, de temps en temps, on bat les habits de la mère, on a toujours respecté la casaque de l'enfant...Allons, venez embrasser ce pauvre Beausire, qui, dans huit jours, sera riche comme un roi... Allons, venez ma petite Nicole.

— Quand vous serez riche comme un roi, mon mignon, il sera temps de vous embrasser ; mais d'ici là, nenni !

— Mais, puisque je te dis que c'est comme si j'avais là un million... Fais-moi une avance ; ça nous portera bonheur... le boulanger nous fera crédit.

— Un homme qui remue des millions et qui demande au boulanger crédit pour un pain de quatre livres !

— Je veux du sucre d'orge rouge, moi ! cria l'enfant d'un ton qui devenait de plus en plus menaçant.

— Voyons, l'homme aux millions,

donne un morceau de sucre d'orge à cet enfant.

Beausire fit un mouvement pour porter sa main à sa poche; mais la main n'accomplit pas même la moitié de la route.

— Eh! dit-il, tu sais bien que je t'ai donné hier ma dernière pièce de vingt-quatre sous!

— Puisque tu as de l'argent, mère, dit le jeune Toussaint se retournant vers celle que le respectable M. de Beausire venait d'appeler tour à tour Oliva et Nicole, donne-moi un sou pour aller chercher du sucre d'orge rouge.

— Tiens, en voilà deux, méchant enfant!... Et prends garde de tomber en descendant par les escaliers.

— Merci, petite mère! dit l'enfant en sautant de joie, et en tendant la main.

— Allons, viens ici, que je te remette ta ceinture et ton chapeau, petit drôle, afin que l'on ne dise pas que M. de Beausire laisse aller son enfant tout déloqueté par les rues; ce qui lui est bien égal, à lui, qui est un sans cœur, mais ce qui me ferait mourir de honte, moi !

L'enfant avait bonne envie, au risque de ce que pourraient dire les voisins sur l'héritier présomptif de la maison Beausire, de se priver de son chapeau de paille et de sa ceinture, dont il n'avait reconnu l'utilité que tant que, par leur fraîcheur et leur éclat, ils avaient excité l'admiration des autres enfants; mais, comme ceinture et chapeau étaient une des conditions de la pièce de deux sous, il fallut bien que, tout récalcitrant qu'il était, le jeune matamore passât par là.

Il s'en consola en allant mettre, avant de sortir, sa pièce de dix centimes sous le nez de son père, qui, absorbé dans ses calculs, se contenta de sourire à cette charmante espièglerie.

Puis, on entendit son pas craintif, quoique hâté par la gourmandise, se perdre dans les escaliers.

La femme, après avoir suivi des yeux

son enfant, jusqu'à ce que la porte se fût refermée sur lui, ramena son regard du fils au père, et, après un instant de silence :

— Ah çà! monsieur de Beausire, dit-elle, il faudra pourtant que votre intelligence nous tire de la misérable position où nous sommes ; sans quoi, il faudra que j'aie recours à la mienne.

Et elle prononça ces derniers mots en minaudant comme une femme à qui son miroir a dit, le matin encore :« Sois tranquille, avec ce visage là, on ne meurt pas de faim! »

— Aussi, ma petite Nicole, répondit M. de Beausire, tu vois que je m'en occupe.

— Oui... en remuant des cartes, et en piquant des cartons.

— Mais puisque je te dis que je l'ai trouvée!

— Quoi?

— Ma martingale.

— Bon! voilà que ça recommence, monsieur Beausire? Je vous préviens que je vais chercher de mémoire, parmi mes anciennes connaissances, s'il n'y en aurait pas quelqu'une qui eût le pouvoir de vous faire mettre, comme fou, à Charenton.

— Mais puisque je te dis qu'elle est infaillible!

—Ah! si M. de Richelieu n'était pas mort! murmura la jeune femme à demi-voix.

— Que dis-tu?

— Si M. le cardinal de Rohan n'était pas ruiné!

— Hein?

— Et si madame de la Motte n'était pas en fuite!

— Plaît-il?

— On retrouverait des ressources, et l'on ne serait pas obligée de partager la misère d'un vieux reître comme celui-là...

Et, d'un geste de reine, mademoiselle

Nicole Legay, dite madame Oliva, désigna dédaigneusement Beausire.

— Mais puisque je te dis, répéta celui-ci avec le ton de la conviction, que demain nous serons riches!

— A millions?

— A millions!

— Monsieur de Beausire, montrez-moi les dix premiers louis d'or de vos millions, et je croirai au reste.

— Eh bien, vous les verrez ce soir, les dix premiers louis d'or ; c'est justement la somme qui m'est promise.

— Et tu me les donneras, mon petit Beausire, dit vivement Nicole.

— C'est-à-dire que je t'en donnerai cinq, pour acheter une robe de soie à toi, et un habit de velours au petit ; puis, avec les cinq autres...

— Eh bien, avec les cinq autres ?...

— Je te rapporterai le million promis.

— Tu vas encore jouer, malheureux ?

— Mais puisque je te dis que j'ai trouvé une martingale infaillible !

— Oui, la sœur de celle avec laquelle tu as mangé les soixante mille livres qui te restaient de ton affaire sur le Portugal !

— Argent mal acquis ne profite pas,

dit sentencieusement Beausire, et j'ai toujours eu idée que c'était la façon dont cet argent nous était venu qui nous avait porté malheur.

— Il paraît que celui-ci t'arrive d'héritage, alors ?... Tu avais un oncle qui est mort en Amérique ou dans les Indes, et qui te laisse dix louis?

— Ces dix louis, mademoiselle Nicole Legay, dit Beausire avec un certain air supérieur, ces dix louis, entendez-vous, seront gagnés, non-seulement honnêtement, mais encore honorablement, et pour une cause dans laquelle je suis intéressé, ainsi que toute la noblesse de France.

— Vous êtes donc noble, monsieur Beausire? dit en ricanant Nicole.

— Dites *de* Beausire, mademoiselle Legay; *de* Beausire, appuya-t-il, comme le constate l'acte de reconnaissance de votre enfant rédigé dans la sacristie de l'église Saint-Paul, et signé de votre serviteur, Jean-Baptiste-Toussaint *de* Beausire, le jour où je lui ai donné mon nom...

— Beau cadeau que vous lui avez fait là! murmura Nicole.

— Et ma fortune, ajouta emphatiquement Beausire.

— Si le bon Dieu ne lui envoie pas autre chose, dit Nicole en secouant la

tête, le pauvre petit est bien sûr de vivre
d'aumône et de mourir à l'hôpital !

— En vérité, mademoiselle Nicole,
dit Beausire d'un air dépité, c'est à n'y
pas tenir; vous n'êtes jamais con-
tente.

— Mais n'y tenez pas ! s'écria Nicole,
lâchant la digue à sa colère longtemps
contenue. Eh, bon Dieu ! qui donc vous
prie d'y tenir ?... Dieu merci ! je ne suis
pas embarrassée de ma personne et de
celle de mon enfant, et, dès ce soir même, je puis, moi aussi, chercher fortune
ailleurs.

Et Nicole, se levant, fit trois pas pour
marcher vers la porte.

Beausire, de son côté, en fit un vers cette même porte, qu'il barra en ouvrant les deux bras.

— Mais puisqu'on te dit, méchante! reprit-il, que cette fortune...

— Eh bien? demanda Nicole.

— Elle vient ce soir!... Puisqu'on te dit que, la martingale fût-elle fausse, — ce qui est impossible d'après mes calculs, — ce serait cinq louis de perdus, et voilà tout.

— Il y a des moments où, cinq louis, c'est une fortune, entendez-vous, monsieur le dépensier... Vous ne savez pas cela, vous qui avez mangé de l'or gros comme cette maison.

— Cela prouve mon mérite, Nicole ; si j'ai mangé cet or, c'est que je l'avais gagné ; et, si je l'avais gagné, c'est que je puis le gagner encore... D'ailleurs, il y a un Dieu pour les gens... adroits.

— Ah ! oui, comptez là-dessus !

— Mademoiselle Nicole, dit Beausire, seriez-vous athée, par hasard ?

Nicole haussa les épaules.

— Seriez-vous de l'école de M. de Voltaire, qui nie la Providence ?

— Beausire, vous êtes un sot, dit Nicole.

— C'est qu'il n'y aurait rien d'étonnant, sortant du peuple, que vous eus siez de ces idées là... Je vous préviens que ce ne sont pas celles qui appartiennent à ma caste sociale et à mes opinions politiques.

— Monsieur de Beausire, vous êtes un insolent ! dit Nicole.

— Moi, je crois, entendez-vous ? moi, j'ai la foi ! et quelqu'un me dirait : « Ton fils, Jean-Baptiste-Toussaint de Beausire, qui est descendu pour acheter du sucre d'orge rouge avec une pièce de dix centimes, va remonter avec une bourse pleine d'or dans la main, » que je répondrais : « Cela peut être, si c'est la volonté de Dieu ! »

Et Beausire leva béatement les yeux au ciel.

—Beausire, vous êtes un imbécille! dit Nicole.

Elle n'avait pas achevé ces mots, que l'on entendit dans les escaliers la voix du jeune Toussaint.

— Papa! maman! criait-il.

Beausire et Nicole prêtaient l'oreille à cette voix chérie.

— Papa! maman! répétait la voix en s'approchant de plus en plus.

— Qu'est-il arrivé? cria Nicole en ouvrant la porte avec une sollicitude toute maternelle. Viens, mon enfant... viens!

— Papa! maman! continua la voix en se rapprochant toujours, comme celle d'un ventriloque qui fait semblant d'ouvrir le panneau d'une cave.

— Je ne serais pas étonné, dit Beausire saisissant dans cette voix ce qu'elle avait de joyeux, je ne serais pas étonné que le miracle se réalisât, et que le petit eût trouvé la bourse dont je parlais tout à l'heure.

En ce moment, l'enfant apparaissait sur la dernière marche de l'escalier, et se précipitait dans la chambre tenant à la bouche son morceau de sucre d'orge rouge, serrant de son bras gauche un sac de sucreries contre sa poitrine, et montrant dans sa main droite, ouverte et étendue, un louis d'or qui, à la lueur de la maigre chandelle, reluisait comme l'étoile Aldébaran.

— Ah! mon Dieu, mon Dieu, s'écria Nicole laissant la porte se refermer toute seule, que t'est-il donc arrivé, pauvre cher enfant?

Et elle couvrait le visage gélatineux du jeune Toussaint de ces baisers maternels que rien ne dégoûte parce qu'ils semblent tout épurer.

— Il y a, dit Beausire en s'emparant adroitement du louis, et en l'examinant à la chandelle, il y a que c'est un vrai louis d'or valant vingt-quatre livres.

Puis, revenant à l'enfant :

— Où as-tu trouvé celui-là, marmot, que j'aille chercher les autres?

— Je ne l'ai pas trouvé, papa, dit l'enfant, on me l'a donné.

— Comment! on te l'a donné? s'écria la mère.

— Oui, maman... un monsieur.

Nicole fut tout près, comme Beausire avait fait pour le louis, de demander où était ce monsieur-là.

Mais, prudente par expérience, car elle savait Beausire susceptible à l'endroit de la jalousie, elle se contenta de répéter :

— Un monsieur?...

— Oui, petite mère, dit l'enfant en faisant craquer son sucre d'orge sous ses dents, un monsieur.

— Un monsieur? répéta à son tour Beausire.

— Oui, petit papa, un monsieur qui est entré chez l'épicier pendant que j'y étais, et qui a dit : « Monsieur l'épicier, n'est-ce pas un jeune gentilhomme nommé de Beausire, que vous avez l'honneur de servir en ce moment? »

Beausire se rengorgea; Nicole haussa les épaules.

— Et qu'a répondu l'épicier, mon fils? demanda Beausire.

— Il a répondu : « Je ne sais pas s'il

est gentilhomme; mais il s'appelle, en effet, Beausire. — Et ne demeure-t-il pas ici tout près? demanda le monsieur. — Ici, dans la maison à gauche, au troisième, en haut de l'escalier. — Donnez toutes sortes de bonnes choses à cet enfant; je paie a dit le monsieur.» Puis, à moi : « Tiens, petit, voilà un louis, a-t-il ajouté; ce sera pour acheter d'autres bonbons, quand ceux-ci seront mangés. » Alors, il m'a mis le louis dans la main, l'épicier m'a mis ce paquet sur le bras, et je suis parti bien content... Tiens! où est donc mon louis?

Et l'enfant, qui n'avait pas vu l'escamotage de Beausire, se mit à chercher son louis de tous les côtés.

— Petit maladroit! dit Beausire, tu l'auras perdu!

— Mais non, mais non, mais non! dit l'enfant.

Cette discussion eût pu devenir plus sérieuse sans l'évènement qui va suivre et qui devait nécessairement y mettre fin.

Tandis que l'enfant, doutant encore de lui-même, cherchait à terre le louis d'or, qui reposait déjà dans le double fond de la poche du gilet de Beausire ; tandis que Beausire admirait l'intelligence du jeune Toussaint, qui venait de se manifester par la narration que nous avons rapportée, et qui s'est peut-être

un peu améliorée sous notre plume;
tandis que Nicole, tout en partageant
l'enthousiasme de son amant pour cette
précoce faconde, se demandait sérieusement quel pouvait être ce donneur de
bonbons et ce bailleur de louis d'or, la
porte s'ouvrit lentement, et une voix
pleine de douceur fit entendre ces mots :

— Bonsoir, mademoiselle Nicole;
bonsoir, monsieur de Beausire; bonsoir, jeune Toussaint.

Chacun se retourna vers le côté d'où
venait cette voix.

Sur le seuil, la figure rayonnante à ce
tableau de famille, se tenait un homme
fort élégamment vêtu.

— Ah! le monsieur aux bonbons! s'écria le jeune Toussaint.

— Le comte de Cagliostro! dirent ensemble Nicole et Beausire.

— Vous avez là un charmant enfant, monsieur de Beausire, dit le comte, et vous devez vous trouver bienheureux d'être père!

VI

Où le lecteur aura la satisfaction de retrouver M. de Beausire tel qu'il l'a quitté.

Il y eut, après ces gracieuses paroles du comte, un moment de silence pendant lequel Cagliostro s'avança jusqu'au milieu de la chambre, et jeta un regard scrutateur autour de lui, sans doute pour apprécier la situation morale et surtout pécuniaire des anciennes connaissances au milieu desquelles ces menées terribles et souterraines dont il était le centre le ramenaient inopinément.

Le résultat de ce coup d'œil, pour un homme aussi perspicace que l'était le comte, ne pouvait laisser aucun doute.

Un observateur ordinaire eût deviné, ce qui était vrai, que le pauvre ménage en était à sa dernière pièce de vingt-quatre sous.

Des trois personnages au milieu desquels l'apparition du comte avait jeté la surprise, le premier qui recouvrit la parole fut celui auquel sa mémoire ne rappelait que les évènements de la soirée, et auquel, par conséquent, sa conscience n'avait rien à reprocher.

— Ah! monsieur, quel malheur! dit le jeune Toussaint, j'ai perdu mon louis!

Nicole ouvrait la bouche pour rétablir les faits dans leur vérité; mais elle réfléchit que son silence vaudrait peut-être un second louis à l'enfant, et que, ce second louis, ce serait elle qui en hériterait.

Nicole ne s'était pas trompée.

— Tu as perdu ton louis, mon pauvre enfant? dit Cagliostro; eh bien, en voici deux; tâche de ne pas les perdre, cette fois-ci.

Et, tirant d'une bourse dont la rotondité attira les regards cupides de Beausire deux autres louis, il les laissa tomber dans la petite main collante de l'enfant.

— Tiens, maman, dit celui-ci courant à Nicole, en voilà un pour toi, et un pour moi.

Et l'enfant partagea son trésor avec sa mère.

Cagliostro avait remarqué la tenacité avec laquelle le regard du faux sergent avait suivi sa bourse, qu'il venait d'éventrer pour donner passage aux quarante-huit livres, dans les différentes évolutions qu'elle avait faite depuis la sortie de sa poche jusqu'à la rentrée.

En la voyant disparaître dans les profondeurs de la veste du comte, l'amant de Nicole poussa un soupir.

— Eh quoi! monsieur de Beausire, dit Cagliostro, toujours mélancolique?

— Et vous, monsieur le comte, toujours millionnaire?

— Eh, mon Dieu! vous qui êtes un des plus grands philosophes que j'aie connus, tant dans l'âge moderne que dans l'antiquité, vous devez connaître cet axiôme qui fut en honneur à toutes les époques : *L'argent ne fait pas le bonheur!* Je vous ai connu riche... relativement.

— Oui, répondit Beausire; c'est vrai; j'ai eu jusqu'à cent mille francs.

— C'est possible ; seulement, à l'époque où je vous ai retrouvé, vous en aviez déjà mangé quarante mille, à peu près, de sorte que vous n'en aviez plus que soixante mille ; ce qui, vous en conviendrez, était encore une somme assez ronde pour un ancien exempt.

Beausire poussa un soupir.

— Qu'est-ce que soixante mille livres comparées aux sommes dont vous disposez, vous ?

— A titre de dépositaire, monsieur de Beausire ; car, si nous comptions bien, je crois que ce serait vous qui seriez saint Martin, et moi qui serais le pauvre, et que vous seriez obligé, pour ne pas me laisser geler de froid, de me donner la moitié de votre manteau. — Eh bien! mon cher monsieur de Beausire, rappelez-vous les circonstances dans lesquelles je vous ai rencontré; vous aviez, alors, comme je vous le disais tout-à-l'heure, à peu près soixante mille livres dans votre poche; en étiez-vous plus heureux?

Beausire poussa un soupir rétrospectif qui pouvait passer pour un gémissement.

— Voyons, répondez, insista Cagliostro; voudriez-vous changer votre position actuelle, quoique vous ne possédiez que ce malheureux louis que vous avez pris au jeune Toussaint?...

— Monsieur! interrompit l'ancien exempt.

— Ne nous fâchons pas, monsieur de Beausire... Nous nous sommes fâchés une fois, et vous avez été forcé d'aller chercher dans la rue votre épée qui avait sauté par la fenêtre... vous le rappelez-vous?... Vous vous le rappelez, n'est-ce pas? continua le comte, qui s'apercevait que Beausire ne répondait point; c'est déjà quelque chose d'avoir de la mémoire... Eh bien! je vous le demande encore, voudriez-vous changer votre position actuelle, quoique vous ne possédiez que ce malheureux louis que vous avez pris au jeune Toussaint, — cette fois, l'allégation passa sans récrimination, — contre la position précaire dont je suis heureux d'avoir contribué à vous tirer?

— Non, monsieur le comte, dit Beausire ; en effet, vous avez raison, je ne changerais pas... Hélas ! à cette époque, j'étais séparé de ma chère Nicole !

— Et puis légèrement traqué par la police, à propos de votre affaire du Portugal... Que diable est devenue cette affaire?... Vilaine affaire! autant que je puis me le rappeler.

— Elle est tombée à l'eau, monsieur le comte, répondit Beausire.

— Ah ! tant mieux ! car elle devait fort vous inquiéter... Cependant, ne comptez pas trop sur cette noyade ; il y a de rudes plongeurs dans la police, et, si trouble et si profonde que soit l'eau, une vilaine affaire est toujours plus facile à pêcher qu'une belle perle.

— Enfin, monsieur le comte, sauf la misère à laquelle nous sommes réduits...

— Vous vous trouvez heureux... De sorte qu'il ne vous faudrait qu'un millier de louis pour que ce bonheur fût complet ?

Les yeux de Nicole brillèrent ; ceux de Beausire jetèrent des flammes.

— C'est-à-dire, s'écria ce dernier, que, si nous avions mille louis, c'est-à-dire que, si nous avions vingt-quatre mille livres, nous achèterions une campagne avec la moitié de la somme; avec l'autre, nous nous constituerions quelque petite rente, et je me ferais laboureur...

— Comme Cincinnatus !

— Tandis que Nicole se livrerait tout entière à l'éducation de notre enfant.

— Comme Cornélie !... Mordieu ! monsieur de Beausire, non-seulement ce serait exemplaire, mais encore ce serait touchant. Vous n'espérez donc point gagner cela dans l'affaire que vous menez en ce moment ?

Beausire tressaillit.

— Quelle affaire ? demanda-t-il.

— Mais l'affaire où vous vous produisez comme sergent aux-gardes ; l'affaire, enfin, pour laquelle vous avez rendez-vous, ce soir, sous les arcades de la place Royale.

Beausire devint pâle comme un mort.

— Ah! monsieur le comte! dit-il en joignant les mains d'un air suppliant.

— Quoi?

— Ne me perdez pas!

— Bon! voilà que vous divaguez, à présent! Est-ce que je suis le lieutenant de police, pour vous perdre?

— Là, je te l'avais bien dit, s'écria Nicole, que tu te fourrais dans une mauvaise affaire !

— Ah ! vous la connaissez, cette affaire, mademoiselle Legay ? demanda Cagliostro.

— Non, monsieur le comte; mais c'est pour cela... Quand il me cache une affaire, c'est qu'elle est mauvaise; je puis être tranquille.

— Eh bien ! en ce qui concerne celle-ci, chère demoiselle Legay, vous vous trompez; elle est peut-être excellente, au contraire !

— Ah ! n'est-ce pas ? s'écria Beausire ; monsieur le comte est gentilhomme, et monsieur le comte comprend que toute la noblesse est intéressée...

— A ce qu'elle réussisse... Il est vrai que tout le peuple, de son côté, est intéressé à ce qu'elle échoue. Maintenant, si vous m'en croyez, mon cher monsieur de Beausire, — vous comprenez, c'est un conseil que je vous donne, un vrai conseil d'ami ; — eh bien ! si vous m'en croyez, vous ne prendrez parti ni pour la noblesse ni pour le peuple.

— Mais pour qui prendrai-je parti, alors ?

— Pour vous.

— Pour moi ?

— Eh ! sans doute, pour toi ! dit Nicole. Pardieu ! tu as assez pensé aux autres ; il est temps de penser à toi.

— Vous l'entendez ; elle parle comme saint Jean-Bouche-d'Or... Rappelez-vous ceci, monsieur de Beausire : toute affaire a un bon et un mauvais côté; celui qui est bon pour les uns, est mauvais pour les autres; car une affaire, quelle qu'elle soit, ne peut être mauvaise pour tout le monde, ou bonne pour tout le monde ; — eh bien, il s'agit uniquement de se trouver du bon côté.

— Ah ! ah ! et il paraîtrait que je ne suis pas du bon côté, hein ?

— Pas tout à fait, monsieur de Beausire ; non, il s'en faut du tout au tout.

J'ajouterai même que, si vous vous y entêtiez, — vous savez que je me mêle de faire le prophète, — j'ajouterai même que, si vous vous y entêtiez, cette fois, ce ne serait pas risque de l'honneur, ce ne serait pas risque de la fortune que vous courriez, ce serait risque de la vie... oui, vous seriez probablement pendu !

— Monsieur, dit Beausire en tâchant de faire contenance, mais en essuyant la sueur qui roulait sur son front, on ne pend pas un gentilhomme.

— C'est vrai; mais, pour obtenir d'avoir la tête tranchée, cher monsieur de Beausire, il faudrait faire vos preuves, ce qui serait long peut-être, assez long pour ennuyer le tribunal, qui pourrait bien ordonner provisoirement que vous fussiez pendu... Après cela, vous me direz que, quand la cause est belle, peu importe le supplice;

Le crime fait la honte, et non pas l'échafaud!

comme a dit un grand poète.

— Cependant, balbutia Beausire, de plus en plus effrayé.

— Oui... cependant, vous n'êtes pas tellement attaché à vos opinions, que vous leur sacrifiiez votre vie... Je comprends cela : diable! on ne vit qu'une fois, comme a dit un autre poète moins grand que le premier, mais qui, néanmoins, pourrait bien avoir raison sur lui.

— Monsieur le comte, dit enfin Beausire, j'ai remarqué, pendant le peu de relations que j'ai eu l'honneur d'avoir avec vous, que vous possédiez une façon de parler des choses qui ferait dresser les cheveux sur la tête d'un homme timide.

— Diable! ce n'est pas mon intention, dit Cagliostro. D'ailleurs, vous n'êtes pas un homme timide, vous !

— Non, répondit Beausire, il s'en faut même... Cependant, il y a certaines circonstances...

— Oui, je comprends... par exemple, celles où l'on a derrière soi les galères, pour vol, et, devant soi, la potence, pour crime de lèze-nation, — comme on appellerait aujourd'hui un crime qui, je suppose, aurait pour but d'enlever le roi.

— Monsieur ! monsieur ! s'écria Beausire tout épouvanté.

— Malheureux ! fit Oliva, c'était donc sur cet enlèvement que tu bâtissais tes rêves d'or ?

— Et il n'avait pas tout à fait tort, ma chère demoiselle ; seulement, comme j'avais l'honneur de vous le dire tout à l'heure, il y a à chaque chose un bon et un mauvais côté, une face éclairée et une face sombre. M. de Beausire a eu le tort de caresser la face sombre, d'adopter le mauvais côté ; — qu'il se retourne, voilà tout.

— Est-il encore temps? demanda Nicole.

— Oh! certainement.

— Que faut-il que je fasse, monsieur le comte? demanda Beausire.

— Supposez une chose, mon cher monsieur, dit Cagliostro en se recueillant.

— Laquelle?

— Supposez que votre complot échoue; supposez que les complices de l'homme masqué et de l'homme au manteau brun soient arrêtés; supposez, — il faut tout

supposer dans le temps où nous vivons,
— supposez qu'ils soient condamnés à
mort... Eh mon Dieu ! on a bien acquitté Besenval et Augeard ! vous voyez
qu'on peut tout supposer... Supposez,
— ne vous impatientez pas : de suppositions en suppositions, nous arriverons à
un fait, — supposez que vous soyez un
de ces complices; supposez que vous
ayez la corde au cou, et que l'on vous
dise, pour répondre à vos doléances, —
car, en pareille situation, si courageux
qu'il soit, eh ! mon Dieu ! un homme se
lamente toujours peu ou prou, n'est-ce
pas?...

— Achevez, monsieur le comte, je
vous en supplie, il me semble déjà que
j'étrangle!

— Pardieu! ce n'est pas étonnant, je vous suppose la corde au cou!... Eh bien, supposez qu'on vienne vous dire : « Ah! pauvre monsieur Beausire, cher monsieur Beausire, c'est votre faute! »

— Comment cela? s'écria Beausire.

— Là, vous voyez bien que, de suppositions en suppositions, nous arrivons à une réalité, puisque vous me répondez, à moi, comme si déjà vous en étiez là.

— Je l'avoue.

— « Comment cela? vous répondrait la voix ; parce que, non-seulement vous pouviez échapper à cette malemort qui vous tient entre ses griffes, mais encore gagner mille louis, avec lesquels vous eussiez acheté cette petite maison aux charmilles vertes où vous deviez vivre, en compagnie de mademoiselle Oliva et du petit Toussaint, des cinq cents livres de rente que vous vous fussiez constituées avec les douze mille livres qui n'eussent point été employées à l'achat de la maison... vivre, comme vous le disiez, en bon cultivateur, chaussé de pantoufles l'été, et de sabots l'hiver... tandis que, au lieu de ce charmant horizon, nous avons là, — vous surtout, — devant les yeux la place de Grève, plantée de deux ou trois vilaines potences dont la plus haute vous tend les bras... Pouah! mon pauvre monsieur Beausire, la laide perspective! »

— Mais, enfin, comment aurais-je pu

échapper à cette malemort? comment aurais-je pu gagner ces mille louis qui assuraient ma tranquillité, celle de Nicole et celle de Toussaint?...

— Demanderiez-vous toujours, n'est-ce pas?... « Rien de plus facile, répondrait la voix. Vous aviez là, près de vous, à deux pas, le comte de Cagliostro... — Je le connais, répondriez-vous ; un seigneur étranger qui habite Paris pour son plaisir, et qui s'y ennuie à pâmer quand il manque de nouvelles. — C'est cela même! Eh bien, vous n'aviez qu'à aller le trouver et lui dire : « Monsieur » le comte... »

— Mais je ne savais pas où il demeurait, s'écria Beausire ; je ne savais pas

qu'il fût à Paris ; je ne savais pas même
qu'il vécût encore.

— « Aussi, mon cher monsieur Beausire, vous répondrait la voix, c'est pour cela qu'il est venu vous trouver, et, du moment où il est venu vous trouver, convenez-en, là, vous n'avez pas d'excuse... Eh bien, vous n'aviez qu'à lui dire :
» Monsieur le comte, je sais combien
» vous êtes friand de nouvelles ; j'en ai,
» et des plus fraîches : Monsieur, frère
» du roi, conspire... — Bah ? — Oui, avec
» le marquis de Favras... — Pas possi-
» ble ! — Si fait ; j'en parle savamment,
» puisque je suis un des agents de
» M. de Favras..... — Vraiment ! et quel
» est le but du complot ? — D'enlever le

» roi et de le conduire à Péronne... Eh
» bien, monsieur le comte, pour vous
» distraire, je vais, jour par jour, heure
» par heure, si vous le désirez, — minute
» par minute, s'il le faut, — vous dire où
» en est l'affaire. » Alors, mon cher ami, le comte, qui est un seigneur généreux, vous eût répondu : « Voulez-vous
» réellement faire cela, monsieur de
» Beausire? — Oui. — Eh bien, comme
» toute peine mérite salaire, si vous tenez
» la parole donnée, j'ai là, dans un coin,
» vingt-quatre mille livres que je comp-
» tais employer à une bonne action, ma
» foi, je les passerai à ce caprice... et, le
» jour où le roi sera enlevé ou M. de Fa-
» vras pris, vous viendrez me trouver,
» et, foi de gentilhomme! les ving-quatre

» mille livres vous seront remises, com-
» me vous sont remis ces dix louis, non
» pas à titre d'avance, non pas à titre de
» prêt, mais bien à titre de simple don ! »

Et, à ces paroles, comme un acteur qui répète avec les accessoires, le comte de Cagliostro tira de sa poche la pesante bourse, y introduisit le pouce et l'index, et, avec une dextérité qui témoignait de son habitude à ce genre d'exercice, il y pinça juste dix louis, ni plus ni moins, que, de son côté, Beausire — il faut lui rendre cette justice — avança la main pour recevoir.

Cagliostro écarta doucement cette main.

— Pardon, monsieur de Beausire, dit-il, nous faisions, je crois, des suppositions...

— Oui, mais, dit Beausire, dont les yeux brillaient comme deux charbons ardents, n'aviez-vous pas dit, monsieur le comte, que, de suppositions en suppositions, nous arriverions au fait ?

— Y sommes-nous arrivés ?

Beausire hésita un instant.

Hâtons-nous de dire que ce n'était pas l'honnêteté, la fidélité à la parole donnée, la conscience soulevée qui causaient cette hésitation ; nous l'affirmerions, que nos lecteurs connaissent trop bien M. de Beausire pour ne pas nous donner un démenti.

Non, c'était la simple crainte que le comte ne tînt pas sa promesse.

— Mon cher monsieur de Beausire, dit Cagliostro, je vois bien ce qui se passe en vous.

— Oui, répondit Beausire, vous avez raison, monsieur le comte, j'hésite à trahir la confiance qu'un galant homme a mise en moi.

Et, levant les yeux au ciel, il secoua la tête comme quelqu'un qui se dit : « Ah ! c'est bien dur ! »

— Non, ce n'est pas cela, reprit Cagliostro, et vous m'êtes une nouvelle preuve de la vérité de cette parole du sage : « L'homme ne se connaît pas soi-même. »

— Et qu'est-ce donc? demanda Beausire, un peu ébouriffé de cette facilité qu'avait le comte de lire jusqu'au plus profond des cœurs.

— C'est que vous avez peur qu'après vous avoir promis les mille louis, je ne vous les donne pas.

— Oh! monsieur le comte!

— Et c'est tout naturel, je suis le premier à vous le dire; mais je vous offre une caution...

— Une caution? monsieur le comte n'en a certes pas besoin.

— Une caution qui répondra de moi corps pour corps !

— Et quelle est cette caution ? demanda timidement Beausire.

— Mademoiselle Nicole Oliva Legay.

— Oh ! s'écria Nicole, si monsieur le comte nous promet, le fait est que c'est comme si nous tenions, Beausire !

— Voyez, monsieur, voilà ce que c'est que de remplir scrupuleusement les promesses qu'on a faites... Un jour que mademoiselle était dans la situation où vous êtes, — moins le complot, — c'est-à-dire un jour où mademoiselle était fort recherchée par la police, je lui fis une offre ; c'était de venir prendre retraite chez moi. Mademoiselle hésitait : — elle craignait pour son honneur; — je lui donnai ma parole, et, malgré toutes les tentations que j'eus à subir, et que vous comprendrez mieux que personne, je l'ai tenue, monsieur de Beausire. — Est-ce vrai, mademoiselle?

— Oh! cela, s'écria Nicole, sur notre petit Toussaint, je le jure!

— Vous croyez donc, mademoiselle Nicole, que je tiendrai la parole que j'engage aujourd'hui à M. de Beausire, de lui donner vingt-quatre mille livres, le jour où le roi aura pris la fuite, ou le jour que M. de Favras sera arrêté?... Sans compter, bien entendu, que je desserre le nœud coulant qui vous étranglait tout à l'heure, et qu'il ne sera plus jamais question pour vous ni de corde ni de potence, à propos de cette affaire du moins... Je ne réponds pas au-delà, un instant! entendons-nous bien! il y a des vocations...

— C'est-à-dire, monsieur le comte, répondit Nicole, que, pour moi, c'est comme si le notaire y avait passé.

— Eh bien, ma chère demoiselle, dit Cagliostro en alignant sur la table les dix louis qu'il n'avait point lâchés, faites passer votre conviction dans le cœur de M. de Beausire, et c'est une affaire conclue.

— Et, de la main, il fit signe à Beausiré d'aller causer un instant avec Nicole.

La conversation ne dura que cinq minutes, mais il est juste de dire que, pendant ces cinq minutes, elle fut des plus animées.

En attendant, Cagliostro regardait à la chandelle le carton piqué, et faisait des mouvements de tête comme pour saluer une vieille connaissance.

— Ah! ah! dit-il, c'est la fameuse martingale de M. Law que vous avez retrouvée là... J'ai perdu un million sur cette martingale!

Et il laissa négligemment retomber la carte sur la table.

Cette observation de Cagliostro parut donner une nouvelle activité à la conversation de Nicole et de Beausire.

Enfin, Beausire parut décidé.

Il vint à Cagliostro, la main étendue, comme un maquignon qui veut conclure un indissoluble marché.

Mais le comte se recula en fronçant le sourcil.

— Monsieur, dit-il, entre gentilshommes, la parole vaut le jeu : vous avez la mienne ; donnez-moi la vôtre.

— Foi de Beausire, monsieur le comte, c'est convenu.

— Cela suffit, monsieur, dit Cagliostro.

Puis, tirant de son gousset une montre sur laquelle était le portrait du roi Frédéric de Prusse enrichi de diamants :

— Il est neuf heures moins un quart, monsieur de Beausire, dit-il ; à neuf heures précises, vous êtes attendu sous les arcades de la place Royale du côté de l'hôtel Sully. Prenez ces dix louis, mettez-les dans la poche de votre veste, endossez votre habit, ceignez votre épée, passez le pont Notre-Dame et suivez la rue Saint-Antoine ; il ne faut pas vous faire attendre !

Beausire ne se le fit pas dire à deux fois : il prit les dix louis, les mit dans sa poche, endossa son habit, et ceignit son épée.

— Où retrouverai-je monsieur le comte ?

— Au cimetière Saint-Jean, s'il vous plaît... Quand on veut, sans être entendu, causer d'affaires pareilles à celles-ci, mieux vaut en causer chez les morts que chez les vivants.

— Et à quelle heure ?

— Mais à l'heure que vous serez libre ; le premier venu attendra l'autre.

— Monsieur le comte a quelque chose à faire ? demanda Beausire avec inquiétude en voyant que Cagliostro ne s'apprêtait pas à le suivre.

— Oui, répondit Cagliostro, j'ai à causer avec mademoiselle Nicole.

Beausire fit un mouvement.

— Oh! soyez tranquille, cher monsieur de Beausire, j'ai respecté son honneur quand elle était jeune fille ; à plus forte raison le respecterai-je quand elle est mère de famille... Allez, monsieur de Beausire, allez !

Beausire jeta à Nicole un regard dans lequel il sembla lui dire : « Madame de Beausire, soyez digne de la confiance que j'ai en vous ! » il embrassa tendrement le jeune Toussaint, salua, avec un respect mêlé d'inquiétude, le comte de Cagliostro, et sortit juste comme l'horloge de Notre-Dame sonnait les trois quarts avant neuf heures.

VII

Œdipe et Loth.

Il était minuit moins quelques minutes, lorsqu'un homme, débouchant par la rue Royale dans la rue Saint-Antoine, suivit cette dernière jusqu'à la fontaine Sainte-Catherine, s'arrêta un instant derrière l'ombre qu'elle projetait, pour s'assurer qu'il n'était point épié, prit l'espèce de ruelle qui conduisait à l'hôtel Saint-Paul, et, arrivé là, s'engagea dans la rue à peu près sombre et tout-à-fait déserte du Roi de Sicile ; puis, ralentissant le pas, à mesure qu'il s'avançait vers l'extrémité de la rue que nous venons de nommer, il entra avec hésitation dans celle de la Croix-Blanche, et s'arrêta, hésitant de plus en plus, devant la grille du cimetière Saint-Jean.

Là, et comme si ses yeux eussent craint de voir sortir un spectre hors de terre, il attendit, essuyant, avec la manche de son habit de sergent aux gardes, la sueur qui coulait sur son front.

Et, en effet, au moment même où commençait de sonner minuit, quelque chose de pareil à une ombre apparut se glissant à travers les ifs et les cyprès. Cette ombre s'approcha de la grille, et bientôt, au grincement d'une clé dans la serrure, on put s'apercevoir que le spectre, — si c'en était un, — avait, non-seulement la faculté de sortir de son tombeau, mais encore, une fois sorti de son tombeau, celle de sortir du cimetière.

A ce grincement, le militaire se recula.

— Eh bien, monsieur de Beausire, dit la voix railleuse de Cagliostro, ne me reconnaissez-vous point, ou avez-vous oublié notre rendez-vous?

— Ah! c'est vous, dit Beausire, respirant comme un homme dont le cœur est soulagé d'un grand poids : tant mieux ! ces diablesses de rues sont si sombres et si désertes, qu'on ne sait pas si mieux vaut y rencontrer âme qui vive qu'y cheminer seul...

— Ah bah ! fit Cagliostro, vous, craindre quelque chose, à quelque heure du jour ou de la nuit que ce soit, vous ne me ferez pas accroire cela... un brave comme vous ! qui chemine avec son épée ! Au reste, passez de ce côté-ci de la grille, cher monsieur de Beausire, et vous serez tranquille, vous n'y rencontrerez que moi.

Beausire se rendit à l'invitation, et la serrure, qui avait grincé pour ouvrir la porte devant lui, grinça pour refermer la porte derrière lui.

— Là... maintenant, dit Cagliostro, suivez ce petit sentier, cher monsieur, et, à vingt pas d'ici, nous trouverons une espèce d'autel ruiné sur les marches duquel nous serons à merveille pour causer de nos petites affaires.

Beausire se mit en devoir d'obéir à Cagliostro ; mais, après un instant d'hésitation :

— Où diable voyez-vous un chemin ? dit-il ; je ne vois que des ronces qui me déchirent les chevilles, et des herbes qui me montent jusqu'aux genoux.

— Le fait est que ce cimetière est un

des plus mal tenus que je connaisse ;
mais cela n'est point étonnant ; vous
savez que l'on n'y enterre guère que les
condamnés qui ont été exécutés en
Grève, et, pour ces pauvres diables, on
n'y met pas tant de façons... Cependant,
mon cher monsieur de Beausire, nous
avons ici de véritables illustrations ; s'il
faisait jour, je vous montrerais la place
où est enterré Bouteville de Montmo-
rency, décapité pour s'être battu en
duel ; le chevalier de Rohan, décapité
pour avoir conspiré contre le gouverne-
ment ; le comte de Horn, roué pour
avoir assassiné un juif ; Damiens, écar-
telé pour avoir essayé de tuer Louis XV...
que sais-je ? Oh ! vous avez tort de mé-
dire du cimetière Saint-Jean, monsieur

de Beausire ! c'est un cimetière mal tenu, mais bien habité.

Beausire suivait Cagliostro, emboîtant son pas dans le sien aussi régulièrement qu'un soldat du second rang a l'habitude de le faire avec son chef de file.

— Ah! dit Cagliostro en s'arrêtant tout à coup, — de manière que Beausire, qui ne s'attendait pas à cette halte subite, lui donna du ventre dans le dos, — tenez, voici du tout frais... C'est la tombe de votre confrère Fleur-d'Épine, un des assassins du boulanger François, qui a été pendu, il y a huit jours, par arrêt du Châtelet. Cela doit vous intéresser, monsieur de Beausire ; c'était, comme vous, un ancien exempt, un faux sergent et un vrai raccoleur?

Les dents de Beausire claquaient littéralement ; il lui semblait que ces ronces au milieu desquelles il marchait étaient autant de mains crispées sortant de terre pour le tirer par les jambes, et lui faire comprendre que la destinée avait marqué là la place où il devait dormir du sommeil éternel.

— Ah! dit enfin Cagliostro en s'arrêtant près d'une espèce de ruine, nous sommes arrivés.

Et, s'asseyant sur un débris, il indiqua du doigt à Beausire une pierre qui semblait placée côte à côte de la première pour épargner à Cinna la peine d'approcher son siége de celui d'Auguste.

Il était temps : les jambes de l'ancien exempt flageolaient de telle façon, qu'il tomba sur la pierre plutôt qu'il ne s'y assit.

— Allons, maintenant que nous voici bien à notre aise pour causer, cher monsieur de Beausire, dit Cagliostro, voyons, que s'est-il passé ce soir sous les arcades de la place Royale? La séance devait être intéressante!

— Ma foi, dit Beausire, je vous avoue, monsieur le comte, que j'ai, dans ce moment-ci, la tête un peu bouleversée, et, en vérité, je crois que nous gagnerions tous les deux à ce que vous m'interrogeassiez.

— Soit, dit Cagliostro, je suis bon prince, et, pourvu que j'arrive à ce que je veux savoir, peu m'importe la forme. Combien étiez-vous sous les arcades de la place Royale?

— Six, moi compris.

— Six, vous compris, cher monsieur de Beausire? Voyons si ce sont bien les hommes que je pense : — primo, vous; cela ne fait pas de doute...

Beausire poussa un soupir indiquant qu'il aurait autant aimé que le doute fût possible.

— Vous me faites bien de l'honneur,

dit-il, de commencer par moi, quand il y a de si grands personnages à côté de moi.

— Mon cher, je suis les préceptes de l'Evangile. L'Evangile ne dit-il point : « Les premiers seront les derniers? » Si les premiers doivent être les derniers, les derniers se trouveront tout naturellement être les premiers. — Je procède donc, comme je vous le dis, selon l'Evangile. Il y avait d'abord vous, n'est-ce pas?

— Oui, fit Beausire.

— Puis, il y avait votre ami Tourcaty, n'est-il pas vrai, un ancien officier recruteur qui se charge de lever la légion du Brabant?

— Oui, fit Beausire, il y avait Tourcaty.

— Puis un bon royaliste nommé Marquié, ci-devant sergent aux gardes-françaises, maintenant sous-lieutenant d'une compagnie du centre?

— Oui, monsieur le comte, il y avait Marquié.

— Puis monsieur de Favras?

— Puis monsieur de Favras.

— Puis l'homme masqué?

— Puis l'homme masqué.

— Avez-vous quelque renseignement à me donner sur cet homme masqué, monsieur de Beausire?

Beausire regarda Cagliostro si fixement, que ses deux yeux semblèrent s'allumer dans l'obscurité.

— Mais, dit-il, n'est-ce pas?...

Et il s'arrêta, comme s'il eût craint de commettre un sacrilège en allant plus loin.

— N'est-ce pas... qui? demanda Cagliostro.

— N'est-ce pas?...

— Ah çà! mais vous avez un nœud à la langue, mon cher monsieur de Beausire; il faut faire attention à cela : les nœuds à la langue amènent quelquefois les nœuds au cou, et ceux-ci, pour être des nœuds coulants, n'en sont que plus dangereux !

— Mais, enfin, reprit Beausire, forcé dans ses retranchements, n'est-ce pas... Monsieur?

— Monsieur quoi? demanda Cagliostro.

— Monsieur... Monsieur, frère du roi?

— Ah çà! cher monsieur de Beausire, que le marquis de Favras, qui a intérêt à faire croire qu'il touche la main d'un prince du sang dans toute cette affaire, dise que l'homme masqué est Monsieur, cela se conçoit... Qui ne sait pas mentir ne sait pas conspirer... Mais que vous et votre ami Tourcaty, deux recruteurs, c'est-à-dire deux hommes habitués à prendre la mesure de leur prochain par pieds, par pouces et par lignes, se laissent tromper de la sorte, ce n'est point probable.

— En effet, dit Beausire.

— Monsieur a cinq pieds trois pouces sept lignes, dit Cagliostro, et l'homme masqué a près de cinq pieds six pouces.

— C'est vrai, dit Beausire, et j'y avais déjà songé; mais, si ce n'est pas Monsieur, qui donc cela peut-il être?

— Ah! pardieu! je serais heureux et fier, mon cher monsieur de Beausire, dit Cagliostro, d'avoir quelque chose à vous apprendre, quand je croyais avoir à apprendre quelque chose de vous.

— Alors, dit l'ancien exempt, qui rentrait peu à peu dans son état naturel, au fur et à mesure que, peu à peu, il rentrait dans la réalité, alors, vous savez quel est cet homme, vous, monsieur le comte?

— Parbleu!

— Y aurait-il indiscrétion à vous demander?...

— Son nom?

Beausire fit, de la tête, signe que c'était cela qu'il désirait.

— Un nom est toujours une chose grave à dire, monsieur de Beausire, et, en vérité, j'aimerais mieux que vous devinassiez.

— Deviner! Il y a quinze jours que je cherche !

— Ah! parce que personne ne vous aide...

— Aidez-moi, monsieur le comte.

— Je ne demande pas mieux... Connaissez-vous l'histoire d'Œdipe?

— Mal, monsieur le comte ; j'ai vu jouer la pièce une fois à la Comédie française, et, vers la fin du quatrième acte, j'ai eu le malheur de m'endormir...

— Peste! je vous souhaite toujours de ces malheurs-là, mon cher monsieur!

— Vous voyez, cependant, qu'aujourd'hui cela me porte préjudice.

— Eh bien, en deux mots, je vous dirai ce que c'était qu'Œdipe. Je l'ai connu enfant à la cour du roi Polybe, et vieux à celle du roi Admète; vous pouvez donc croire ce que je vous en dis mieux que vous ne croiriez ce qu'auraient pu vous en dire Eschyle, Sophocle, Sénèque, Corneille, Voltaire ou M. Ducis, qui en ont fort entendu parler, c'est possible, mais qui n'ont pas eu l'avantage de le connaître.

Beausire fit un mouvement comme

pour demander à Cagliostro une explication sur cette étrange prétention émise par lui d'avoir connu un homme mort il y avait quelque trois mille six cents ans ; mais sans doute pensa-t-il que ce n'était pas la peine d'interrompre le narrateur pour si peu. Il arrêta donc son mouvement, et le continua par un signe qui voulait dire : « Allez toujours, j'écoute. »

Et, en effet, comme s'il n'eût rien remarqué, Cagliostro allait toujours.

— J'ai donc connu Œdipe. On lui avait prédit qu'il devait être le meurtrier de son père et l'époux de sa mère. Or, croyant Polybe son père, il le quitta sans rien dire, et partit pour la Phocide ; au moment de son départ, je lui donnai le

conseil, au lieu de prendre la grande
route de Daulis à Delphes, de prendre
par la montagne un chemin que je con-
naissais ; mais il s'entêta, et, comme je
ne pouvais lui dire dans quel but je lui
donnais ce conseil, toutes mes exhorta-
tions pour le faire changer de route furent inutiles. Il résulta de cet entêtement
que ce que j'avais prévu arriva. A l'em-
branchement du chemin de Delphes à
Thèbes, il rencontra un homme suivi de
cinq esclaves ; l'homme était monté sur
un char, et le char barrait tout le chemin.
Tout aurait pu s'arranger, si l'homme au
char eût consenti à prendre un peu à
gauche et Œdipe un peu à droite ; mais
chacun voulait tenir le milieu de la route.
L'homme au char était d'un tempéra-

ment colérique; Œdipe était d'un naturel peu patient; les cinq esclaves se jetèrent, l'un après l'autre, au-devant de leur maître, et l'un après l'autre tombèrent; puis, après eux, leur maître tomba à son tour... Œdipe passa sur six cadavres, et, parmi ces six cadavres, il y avait celui de son père !

— Diable ! fit Beausire.

—Puis, il reprit la route de Thèbes; or, sur la route de Thèbes s'élevait le mont Phicion, et, dans un sentier plus étroit encore que celui où Œdipe tua son père, un singulier animal avait sa caverne. Cet animal avait les ailes d'un aigle, la tête et les mamelles d'une femme, le corps et les griffes d'un lion...

— Oh! oh! fit Beausire, croyez-vous, monsieur le comte, qu'il existe de pareils monstres?

— Je ne saurais vous l'affirmer, cher monsieur de Beausire, répondit gravement Cagliostro, attendu que, lorsque j'allai à Thèbes par le même chemin, mille ans plus tard, du temps d'Épaminondas, le sphinx était mort. En somme, à l'époque d'Œdipe, il était vivant, et l'une de ses manies était de se tenir sur la route proposant une énigme aux passants, et les mangeant dès qu'ils n'en pouvaient pas donner le mot. Or, comme la chose durait depuis plus de trois siècles, les passants devenaient de plus en plus rares, et le sphinx avait les dents fort longues lorsqu'il aperçut OEdipe. Il alla se mettre au milieu de la route, et, levant la patte pour faire signe au jeune homme de s'arrêter : « Voyageur, lui dit-il, je suis le sphinx. — Eh bien, après? demanda OEdipe. — Eh bien, le destin m'a envoyé sur la terre pour proposer une énigme aux mortels ; s'ils ne la devinent pas, ils m'appartiennent; s'ils la devinent, j'appartiens à la mort, et je me précipite de moi-même dans l'abîme où, jusqu'à présent, j'ai précipité les cadavres de tous ceux qui ont eu le malheur de me trouver sur leur route. » OEdipe jeta un regard au fond du précipice, et le vit blanc d'ossements. « C'est bien, dit le jeune homme. Quelle est l'énigme ? — L'énigme, la voici, dit l'oiseau-lion : Quel

*est l'animal qui marche à quatre pattes le ma-
tin, sur deux pattes à midi, et sur trois le
soir ?* » Œdipe réfléchit un instant ; puis,
avec un sourire qui ne laissa point que
d'inquiéter le sphinx : « Et, si je devine,
dit-il, tu te précipiteras de toi-même dans
l'abîme ? — C'est la loi, répondit le
sphinx. — Eh bien, répondit Œdipe, cet
animal, c'est l'homme ! »

— Comment, l'homme ? interrompit
Beausire, qui prenait intérêt à la conversation, comme s'il se fût agi d'un fait
contemporain.

— Oui, l'homme... l'homme, qui, dans
son enfance, c'est-à-dire au matin de la
vie, marche sur ses pieds et sur ses
mains ; qui, dans son âge mûr, c'est-à-

dire à midi, marche sur ses deux pieds, et qui, le soir, c'est-à-dire dans sa vieillesse, s'appuie sur un bâton.

— Ah! s'écria Beausire, c'est mordieu vrai! Embêté, le sphinx!

— Oui, mon cher monsieur de Beausire, si bien embêté, qu'il se précipita la tête la première dans l'abîme, et qu'ayant eu la loyauté de ne point se servir de ses ailes, — ce que vous trouverez probablement bien niais de sa part, — il se brisa la tête sur les rochers. Quant à OEdipe, il poursuivit son chemin, arriva à Thèbes, trouva Jocaste veuve, l'épousa, et accomplit ainsi la prophétie de l'oracle qui avait dit qu'il tuerait son père et épouserait sa mère.

— Mais, enfin, monsieur le comte, dit Beausire, quelle analogie voyez-vous entre l'histoire d'Œdipe et celle de l'homme masqué ?

— Oh! une grande! attendez... D'abord, vous avez désiré savoir son nom?

— Oui.

— Et, moi, je vous ai dit que j'allais vous proposer une énigme. Il est vrai que je suis de meilleure pâte que le sphinx, et que je ne vous dévorerai pas si vous avez le malheur de ne pas la deviner... Attention, je lève la patte : *Quel est le seigneur de la cour qui est le petit-fils de son père, le frère de sa mère, et l'oncle de ses sœurs ?*

— Ah! diable! fit Beausire, tombant dans une rêverie non moins profonde que celle d'Œdipe.

— Voyons, cherchez, mon cher monsieur, dit Cagliostro.

— Aidez-moi un peu, monsieur le comte.

— Volontiers..... Je vous ai demandé si vous connaissiez l'histoire d'Œdipe.

— Vous m'avez fait cet honneur-là.

— Maintenant, nous allons passer de l'histoire païenne à l'histoire sacrée. Connaissez-vous l'histoire de Loth?

— Avec ses filles?

— Justement.

— Parbleu! si je la connais!... mais attendez donc... Eh! oui... ce que l'on disait du vieux Louis XV et de sa fille madame Adélaïde...

— Vous brûlez, mon cher monsieur...

— Alors, l'homme masqué, ce serait?...

— Cinq pieds cinq pouces.

— Le comte Louis...

— Allons donc!

— Le comte Louis de...

— Chut!

— Mais puisque vous disiez qu'il n'y a ici que des morts...

— Oui, mais, sur leur tombe, il pousse de l'herbe ; elle y pousse même mieux qu'ailleurs ; eh bien, si cette herbe, comme les roseaux du roi Midas... Connaissez-vous l'histoire du roi Midas?

— Non, monsieur le comte.

— Je vous la raconterai un autre jour; pour le moment, revenons à la nôtre.

Alors, reprenant son sérieux :

— Vous disiez donc? demanda-t-il.

— Pardon, mais je croyais que c'était vous qui interrogiez...

— Vous avez raison.

Et, tandis que Cagliostro préparait son interrogation :

— C'est ma foi vrai ! murmurait Beausire ; le petit-fils de son père... le frère de sa mère... l'oncle de ses sœurs... c'est le comte Louis de Nar...

— Attention ! dit Cagliostro.

Beausire s'interrompit dans son monologue, et écouta de toutes ses oreilles.

— Maintenant qu'il ne nous reste plus de doute sur les conjurés, masqués ou non masqués, passons au but du complot.

Beausire fit, de la tête, un signe qui voulait dire qu'il était prêt à répondre.

— Le but du complot est bien d'enlever le roi, n'est-ce pas ?

— C'est bien le but du complot, en effet.

— De le conduire à Péronne?

— A Péronne.

— A présent, les moyens?

— Pécuniaires?

— Pécuniaires, oui, d'abord.

— On a deux millions...

— Que prête un banquier génois.... Je connais ce banquier; il n'y en a pas d'autres?

— Je ne crois pas.

— Voilà qui est bien pour l'argent;

mais ce n'est pas assez d'avoir de l'argent, il faut des hommes.

— M. de la Fayette vient de donner l'autorisation de lever une légion, pour aller au secours du Brabant, qui se révolte contre l'empire.

— Oh! ce bon la Fayette, murmura Cagliostro, je le reconnais bien là!

Puis, tout haut :

— Soit, on aura une légion ; mais ce n'est pas une légion qu'il faut pour exécuter un pareil projet, c'est une armée.

— On a l'armée.

— Ah! voyons l'armée.

— Douze cents chevaux seront réunis

à Versailles ; ils en partiront le jour désigné, à onze heures du soir; à deux heures du matin, ils arriveront à Paris sur trois colonnes.

— Bon !

— La première entrera par la grille de Chaillot; la seconde, par la barrière du Roule ; la troisième, par celle de Grenelle. La colonne qui entrera par la barrière de Grenelle égorgera le général la Fayette; celle qui entrera par la grille de Chaillot égorgera M. Necker; enfin, celle qui entrera par la barrière du Roule égorgera M. Bailly...

— Bon ! répéta Cagliostro.

— Le coup fait, on encloue les canons;

on se réunit aux Champs-Elysées, et l'on marche aux Tuileries, qui sont à nous.

— Comment, à vous! et la garde nationale?

— C'est là que doit agir la colonne brabançonne, réunie à une partie de la garde soldée, à quatre cents Suisses, et à trois cents conjurés de province. Elle s'empare, grâce aux intelligences que nous avons dans la place, des portes extérieures ; on entre chez le roi en criant : « Sire ! le faubourg Saint-Antoine est en pleine insurrection... Une voiture est tout attelée... il faut fuir! » Si le roi consent à fuir, la chose va toute seule ; s'il n'y consent pas, on l'emporte de force, et on le conduit à Saint-Denis.

— Bon!

— Là, on trouve vingt mille hommes d'infanterie auxquels se joignent les douze cents hommes de cavalerie, la légion brabançonne, les quatre cents Suisses, les trois cents conjurés, dix, vingt, trente mille royalistes que l'on rencontrera sur la route, et, à grande force, on conduira le roi à Péronne.

— De mieux en mieux!... Et, à Péronne, que fera-t-on, mon cher monsieur de Beausire?

— A Péronne, on trouve vingt mille hommes qui y arrivent, en même temps, de la Flandre maritime, de la Picardie, de l'Artois, de la Champagne, de la Bourgogne, de la Lorraine, de l'Alsace et du Cambrésis. On est en marché pour vingt mille Suisses, douze mille Allemands et douze mille Sardes, lesquels, réunis à la première escorte du roi, formeront un effectif de cent cinquante mille hommes.

— Joli chiffre! dit Cagliostro.

— Enfin, avec ces cent cinquante mille hommes, on marchera sur Paris; on interceptera le haut et le bas de la rivière pour lui couper les vivres; Paris affamé capitulera; on dissoudra l'Assemblée nationale, et l'on replacera le roi, véritablement roi, sur le trône de ses pères.

— *Amen!* dit Cagliostro.

Et, se levant :

— Mon cher monsieur de Beausire, dit-il, vous avez une conversation des plus agréables ; mais, enfin, il en est de vous comme des plus grands orateurs, quand vous avez tout dit, vous n'avez plus rien à dire... et vous avez tout dit, n'est-ce pas?

— Oui, monsieur le comte, pour le moment.

— Alors, bonsoir, mon cher monsieur de Beausire ; lorsque vous aurez besoin de dix louis, — toujours à titre de don, bien entendu, — venez me trouver à Bellevue.

— A Bellevue?... et je demanderai M. le comte de Cagliostro?

— Le comte de Cagliostro? oh! non! on ne saurait ce que vous voulez dire. Demandez le baron Zannone.

— Le baron Zannone? s'écria Beausire, mais c'est le nom du banquier génois qui a escompté les deux millions de traites de Monsieur!

— C'est possible, dit Cagliostro.

— Comment, c'est possible?

— Oui... seulement, je fais tant d'affaires, que celle-là se sera confondue avec les autres... Voilà pourquoi, au premier abord, je ne me rappelais pas bien;

mais, en effet, maintenant, je crois me souvenir.

Beausire était en stupéfaction devant cet homme, qui oubliait ainsi des affaires de deux millions, et il commençait à croire que, ne fût-ce qu'au point de vue pécuniaire, mieux valait être au service du prêteur que de l'emprunteur.

Mais, comme cette stupéfaction n'allait point jusqu'à lui faire oublier le lieu où il se trouvait, aux premiers pas de Cagliostro vers la porte, Beausire retrouva le mouvement, et le suivit d'une allure tellement modelée sur la sienne, qu'à les voir marcher ainsi presque accolés l'un à l'autre, on eût dit deux automates mus par un même ressort.

A la porte seulement, et lorsque la grille fut refermée, les deux corps parurent se séparer d'une manière visible.

— Et, maintenant, demanda Cagliostro, de quel côté allez-vous, cher monsieur de Beausire?

— Mais, vous-même?...

— Du côté où vous n'allez pas.

— Je vais au Palais-Royal, monsieur le comte.

— Et moi, à la Bastille, monsieur de Beausire.

Sur quoi, les deux hommes se quittèrent, Beausire saluant le comte avec une profonde révérence, Cagliostro sa-

saluant Beausire avec une légère inclinaison de tête; et tous deux disparurent presque aussitôt au milieu de l'obscurité, Cagliostro dans la rue du Temple, et Beausire dans la rue de la Verrerie.

VIII

Où Gamain prouve qu'il est véritablement maître sur maître, maître sur tous.

On se rappelle le désir qu'avait exprimé le roi devant M. de la Fayette et devant le comte Louis de Bouilié, d'avoir près de lui son ancien maître Gamain, pour l'aider dans un important travail de serrurerie. Il avait même ajouté,—et nous ne croyons pas inutile de consigner ici ce détail,— il avait même ajouté qu'un apprenti adroit ne serait pas de trop pour compléter la trilogie forgeante ; le nombre trois, qui plaît aux dieux, n'avait pas déplu à la Fayette, et il avait, en conséquence, donné des ordres pour que maître Gamain et son apprenti eussent leur entrée franche près du roi, et fussent conduits à la forge aussitôt qu'ils se présenteraient.

On ne sera donc point étonné de voir, quelques jours après la conversation que nous avons rapportée, maître Gamain,— qui n'est point un étranger pour nos lecteurs, puisque nous avons eu le soin de le leur montrer dans la matinée du 6 octobre, vidant, avec un armurier inconnu, une bouteille de Bourgogne au cabaret du pont de Sèvres ;— on ne sera donc point étonné, disons-nous, de voir, quelques jours après cette conversation, maître Gamain, accompagné d'un apprenti, se présenter, tous deux vêtus de leurs habits de travail, à la porte des Tuileries, et, après leur admission, qui ne souffrit aucune difficulté, contourner les appartéments royaux par le corridor commun, monter l'escalier des combles, et, arrivés à la porte de la forge, décliner leurs noms et leurs qualités au valet de chambre de service.

Les noms étaient : Nicolas-Claude Gamain ;

Et Louis Lecomte.

Les qualités étaient : pour le premier, celle de maître serrurier ;

Pour le second, celle d'apprenti.

Quoiqu'il n'y eût rien, dans tout cela, de bien aristocratique, à peine Louis XVI eut-il entendu noms et qualités, qu'il accourut lui-même vers la porte en criant :

— Entrez !

— Voilà, voilà, voilà, dit Gamain se présentant avec la familiarité, non-seulement d'un commensal, mais encore d'un maître.

Soit qu'il fût moins habitué aux relations royales, soit que la nature l'eût doué d'un plus grand respect pour les têtes couronnées, sous quelque costume qu'elles se présentassent à lui, ou sous quelque costume qu'il se présentât à elles, l'apprenti, sans répondre à l'invitation, et après avoir mis un intervalle convenable entre l'apparition de maître Gamain et la sienne, demeura debout, la veste sur le bras et la casquette à la main, près de la porte, que le valet de chambre refermait derrière eux.

Au reste, peut-être était-il mieux là que sur une ligne parallèle à celle de Gamain, pour saisir l'éclair de joie qui brilla dans l'œil terne de Louis XVI, et pour y répondre par un respectueux signe de tête.

— Ah! c'est toi, mon cher Gamain, dit Louis XVI; je suis bien aise de te voir. En vérité, je ne comptais plus sur toi; je croyais que tu m'avais oublié.

— Et voilà pourquoi, dit Gamain, vous avez pris un apprenti... Vous avez bien fait, c'était votre droit, puisque je n'étais pas là; mais, par malheur, ajouta-t-il avec un geste narquois, apprenti n'est pas maître, hein?

L'apprenti fit un signe au roi.

— Que veux-tu, mon pauvre Gamain, dit Louis XVI, on m'avait assuré que tu ne me voulais plus voir, ni de près ni de loin; on disait que tu avais peur de te compromettre.

— Ma foi, Sire, vous avez pu vous convaincre à Versailles qu'il ne faisait pas bon être de vos amis, et j'ai vu friser près de moi, — par M. Léonard lui-même, — j'ai vu friser, dans le petit cabaret du pont de Sèvres, deux têtes de gardes qui faisaient une vilaine grimace, pour s'être trouvées dans vos antichambres au moment où vos bons amis les Parisiens vous rendaient visite....

Un nuage passa sur le front du roi, et l'apprenti baissa la tête.

— Mais, continua Gamain, on dit que cela va mieux depuis que vous êtes revenu à Paris, et que vous faites maintenant des Parisiens tout ce que vous voulez... Oh! pardieu, ce n'est pas étonnant;

vos Parisiens sont si bêtes, et la reine est si enjôleuse, quand cela lui plaît!

Louis XVI ne répondit rien, mais une légère rougeur monta à ses joues.

Quant au jeune homme, il semblait énormément souffrir des familiarités que se permettait maître Gamain.

Aussi, après avoir essuyé son front couvert de sueur avec un mouchoir un peu fin peut-être pour être celui d'un apprenti serrurier, il s'approcha.

— Sire, dit-il, Votre Majesté veut-elle permettre que je lui dise comment maître Gamain a l'honneur de se retrouver en face de Votre Majesté, et comment j'y suis moi-même près de lui?

—Oui, mon cher Louis, répondit le roi.

— Ah! c'est cela! *mon cher Louis* gros comme le bras! dit Gamain murmurant; *mon cher Louis*, à une connaissance de quinze jours, à un ouvrier, à un apprenti!... Qu'est-ce qu'on me dira donc, à moi, qui vous connais depuis vingt-cinq ans? à moi, qui vous ai mis la lime à la main? à moi, qui suis maître?... Voilà ce que c'est que d'avoir la langue dorée et les mains blanches!

— Je te dirai: « Mon bon Gamain! » J'appelle ce jeune homme mon cher Louis, non pas parce qu'il s'exprime plus élégamment que toi, non pas parce qu'il se lave les mains plus souvent que tu ne le fais toi-même peut-être ; j'apprécie assez peu toutes ces mignonneries ; mais parce qu'il a trouvé moyen de te ramener près de moi, toi, mon ami, quand on m'avait dit que tu ne voulais plus me voir.

— Ah ! ce n'était pas moi qui ne voulais plus vous voir ; car, moi, malgré tous vos défauts, au bout du compte, je vous aime bien ; mais c'était mon épouse, madame Gamain, qui me dit à chaque instant : « Tu as de mauvaises connaissances, Gamain, des connaissances trop hautes pour toi ; il ne fait pas bon de voir les aristocrates, par ce temps-ci. Nous avons un peu de bien, veillons dessus ; nous avons des enfants, élevons-les, et, si le Dauphin veut apprendre la serrurerie à son tour, qu'il s'adresse à d'autres que nous... On ne manque pas de serruriers en France. »

Louis XVI regarda l'apprenti, et, étouffant un soupir moitié railleur, moitié mélancolique :

— Oui, sans doute, il ne manque pas de serruriers en France; mais pas de serruriers comme toi!

— C'est ce que j'ai dit au maître, Sire, quand je me suis présenté chez lui de votre part, interrompit l'apprenti; je lui ai dit : « Ma foi, maître, voilà... Le roi est en train de fabriquer une serrure à secret; il avait besoin d'un aide serrurier ; on lui a parlé de moi, il m'a pris avec lui..., c'était bien de l'honneur ! bon ! Mais c'est de la fine ouvrage, que celle qu'il fait : ça a bien été pour la serrure, tant qu'il ne s'est agi que de la cloison, du palastre et des étoquiaux, parce que chacun sait que trois étoquiaux à queue d'aronde dans le rebord suffisent pour assujétir solidement la cloison au palastre; mais, quand il s'est agi du pêne, voilà où l'ouvrier s'embarrasse ! »

— Je le crois bien, dit Gamain, le pêne, c'est l'âme de la serrure !

— Et le chef-d'œuvre de la serrurerie, quand il est bien fait, dit l'apprenti ; mais il y a pêne et pêne ; il y a pêne dormant ; il y a pêne à bascule, pour mouvoir le demi-tour; il y a pêne à pignon, pour mouvoir les verroux; eh bien ! supposons, maintenant, que nous ayons une clé forée dont le penneton soit entaillé par une planche avec un pertuis, une fronçure simple et une fronçure hastée en dedans, deux rouets avec un faucillon renversé en dedans et hasté en dehors; quel pêne faudra-t-il pour cette clef-là? Voilà où nous sommes arrêtés.

— Le fait est que ce n'est pas donné à tout le monde, de se tirer d'une pareille besogne, dit Gamain.

— Précisément... « C'est pourquoi, continuai-je, je suis venu à vous, maître Gamain. Chaque fois que le roi était

embarrassé, il disait avec un soupir :
« Ah! si Gamain était là! » Alors, moi,
j'ai dit au roi : « Eh bien! voyons, faites-
» lui dire de venir, à votre fameux Ga-
» main, et qu'on le voie à la besogne! »
Mais le roi répondait : « Inutile, mon
» pauvre Louis! Gamain m'a oublié! —
» Oublier Votre Majesté, me suis-je
» écrié, un homme qui a eu l'honneur
» de travailler avec elle? impossible! »
Alors, j'ai dit au roi : « Je vais l'aller
» chercher, ce maître sur maître, maître
» sur tous! » Le roi m'a dit : « Va; mais
» tu ne le ramèneras pas! » J'ai dit :
» Je le ramènerai! » et je suis parti !... »
Ah! Sire, je ne savais pas de quelle besogne je m'étais chargé, et à quel homme
j'avais affaire! D'ailleurs, quand je me

suis présenté à lui comme apprenti, il m'a fait subir un examen, que c'était pis que pour entrer à l'école des Cadets. Enfin, bon! me voilà chez lui. — Le lendemain, je me hasarde à lui dire que je viens de votre part; cette fois-là, j'ai cru qu'il allait me mettre à la porte. Il m'appelait espion, mouchard... j'avais beau lui assurer que j'étais réellement envoyé par vous, ça n'y faisait rien; il n'y a que quand je lui ai avoué que nous avions commencé, à nous deux, un ouvrage que nous ne pouvions pas finir, qu'il a débouché ses oreilles. Mais tout cela ne le décidait pas; il disait que c'était un piège que ses ennemis lui tendaient; enfin, hier seulement, quand je lui eus remis les vingt-cinq louis que

Votre Majesté m'avait fait passer à son intention, il a dit : « Ah ! ah ! en effet, cela pourrait bien être véritablement de la part du roi... Eh bien ! soit, a-t-il ajouté, nous irons demain ; qui ne risque rien n'a rien ! » Toute la journée, j'ai entretenu le maître dans ces bonnes dispositions, et, ce matin, j'ai dit : « Voyons, ce n'est pas cela, il faut partir. » Il faisait bien encore quelques difficultés ; mais, enfin, je l'ai décidé ; je lui ai noué le tablier autour du corps ; je lui ai mis la canne à la main ; je l'ai poussé dehors ; nous avons pris la route de Paris, et nous voilà !

— Soyez les bien-venus, dit le roi en remerciant d'un coup-d'œil le jeune homme, qui paraissait avoir eu autant de peine à composer, dans le fond et surtout dans la forme, le récit que l'on vient de lire qu'en eût eu maître Gamain à faire un discours de Bossuet ou un sermon de Fléchier. — Et, maintenant, Gamain, mon ami, continua le roi, comme tu parais pressé, ne perdons pas de temps.

— C'est justement cela, dit le maître serrurier; d'ailleurs, j'ai promis à madame Gamain d'être de retour ce soir. Voyons, où est cette fameuse serrure ?

Le roi remit entre les mains du maître une serrure aux trois quarts achevée.

— Eh bien! mais que disais-tu donc,

que c'était une serrure bénarde? fit Gamain s'adressant à l'apprenti ; une serrure bénarde se ferme des deux côtés, mazette! et celle-ci est une serrure de coffre... Voyons, voyons un peu cela... ça ne marche donc pas, hein? Eh bien! avec maître Gamain, il faudra que ça marche !

Et Gamain essaya de faire tourner la clef.

— Ah! voilà, voilà, dit-il.

— Tu as trouvé le défaut, mon cher Gamain ?

— Parbleu !

— Voyons, montre-moi cela.

— Ah! ce sera vite fait, regardez : le

museau de la clef accroche bien la grande barbe ; la grande barbe décrit bien la moitié de son cercle ; mais, arrivée là, comme elle n'est pas taillée en biseau, elle ne s'échappe pas toute seule... voilà l'affaire... La course de la barbe étant de six lignes, l'épaulement doit être d'une ligne.

Louis XVI et l'apprenti se regardèrent, comme émerveillés de la science de Gamain.

— Eh! mon Dieu ! c'est pourtant bien simple, dit celui-ci, encouragé par cette admiration tacite, et je ne comprends même pas comment vous avez oublié cela. Il faut que vous ayez pensé, depuis que vous ne m'avez vu, à un tas de bêtises qui vous ont fait perdre la mémoire... Vous avez trois barbes, n'est-ce pas ? une grande et deux petites, une de cinq lignes, deux de deux lignes...

— Sans doute, dit le roi, suivant avec un certain intérêt la démonstration de Gamain.

— Eh bien ! aussitôt que la clef a lâché la grande barbe, il faut qu'elle puisse ouvrir le pêne qu'elle vient de fermer, n'est-ce pas ?

— Oui, dit le roi.

— Alors, il faut donc qu'elle puisse accrocher en sens inverse, c'est-à-dire en revenant sur ses pas, la seconde barbe, au moment où elle lâche la première !

— Ah! oui, oui, dit le roi.

— Ah! oui! oui! répéta Gamain d'un ton goguenard; eh bien! comment voulez-vous qu'elle s'y prenne, cette pauvre clef, si l'intervalle entre la grande et la petite barbe n'est pas égal à l'épaisseur du museau, plus un peu de liberté?

— Ah!...

— Ah!... répéta encore Gamain, voilà! vous avez beau être roi de France, vous avez beau dire : « Je veux! » la petite barbe dit : « Je ne veux pas! » elle, et bonsoir... c'est comme lorsque vous vous chamaillez avec l'Assemblée, c'est l'Assemblée qui est la plus forte!

— Et, cependant, demanda le roi à

Gamain, il y a de la ressource, n'est-ce pas, maître ?

— Parbleu ! dit celui-ci, il y a toujours de la ressource ; il n'y a qu'à tailler la première barbe en biseau, creuser l'épaulement d'une ligne, écarter de quatre lignes la première barbe de la seconde, et rétablir à la même distance la troisième barbe, — celle-ci, qui fait partie du talon et qui s'arrête sur le picolet, — et tout sera dit.

— Mais, observa le roi, à tous ces changements, il y a bien une journée de travail, mon pauvre Gamain ?

— Oh ! oui, il y aurait une journée de travail pour un autre ; mais, pour Gamain, deux heures suffiront... Seulement, il faut qu'on me laisse seul, et qu'on ne m'embête pas d'observations... Gamain par-ci, Gamain par-là... Qu'on me laisse donc seul... la forge me paraît assez bien outillée, et, dans deux heures... éh bien! dans deux heures, si l'ouvrage est convenablement humectée, continua Gamain en souriant, on peut revenir, l'ouvrage sera finie.

Ce que demandait Gamain, c'était tout ce que désirait le roi; la solitude de Gamain lui fournissait l'occasion d'un tête-à-tête avec l'apprenti.

Cependant, il parut faire des difficultés.

— Mais, si tu as besoin de quelque chose, mon pauvre Gamain?...

— Si j'ai besoin de quelque chose, j'appellerai le valet de chambre, et, pourvu qu'il ait ordre de me donner ce que je lui demanderai... c'est tout ce qu'il me faut.

Le roi alla lui-même à la porte.

— François, dit-il en ouvrant cette porte, tenez-vous là, je vous prie. Voici Gamain, mon ancien maître en serrurerie, qui me corrige un travail manqué... Vous lui donnerez tout ce dont il aura besoin, et particulièrement une ou deux bouteilles d'excellent bordeaux.

— Si c'était un effet de votre bonté,

Sire, de vous rappeler que j'aime mieux le bourgogne... Ce diable de bordeaux, c'est comme si l'on buvait de l'eau tiède!

— Ah! oui, c'est vrai, j'oubliais, dit Louis XVI en riant; nous avons pourtant trinqué plus d'une fois ensemble, mon pauvre Gamain... Du bourgogne, François, vous entendez, du volnay.

— Bien! dit Gamain en passant sa langue sur ses lèvres, je me rappelle ce nom-là.

— Et il te fait venir l'eau à la bouche, hein?

— Ne parlez pas d'eau, Sire... l'eau, je ne sais pas à quoi ça peut servir, si ce n'est pour tremper le fer... mais ceux qui l'ont employée à un autre usage que celui-là l'ont détournée de sa véritable destination... L'eau! pouah!...

— Eh bien, sois tranquille, tant que tu seras ici, tu n'entendras point parler d'eau, et, de peur que le mot ne nous échappe à l'un ou à l'autre, nous te laissons seul... Quand tu auras fini, envoie-nous chercher.

— Et qu'est-ce que vous allez faire pendant ce temps-là, vous?

— L'armoire à laquelle est destinée cette serrure.

— Ah! bon! c'est de l'ouvrage comme

il vous en faut, celle-là... Bien du plaisir!

— Bon courage! répondit le roi.

Et, tout en faisant de la tête un adieu familier à Gamain, le roi sortit avec l'apprenti Louis Lecomte — ou le comte Louis, — comme le préférera sans doute le lecteur, à qui nous supposons assez de perspicacité pour croire qu'il a reconnu, dans le faux compagnon, le fils du marquis de Bouillé.

IX

Où l'on parle de toute autre chose que de serrurerie.

Cette fois, seulement, Louis XVI ne sortit point de la forge par l'escalier extérieur et commun à tout le service; il descendit par l'escalier secret réservé à lui seul.

Cet escalier conduisait à son cabinet de travail.

Une table de ce cabinet de travail était couvert par une immense carte de France, laquelle prouvait que le roi avait souvent déjà étudié la route la plus courte ou la plus facile pour sortir de son royaume.

Mais ce ne fut qu'au bas de l'escalier, et la porte refermée derrière lui et le compagnon serrurier, que Louis XVI, après avoir jeté un regard investigateur dans le cabinet, parut reconnaître celui qui le suivait, la veste sur l'épaule et la casquette à la main.

— Enfin, dit-il, nous voilà seuls, mon cher comte; laissez-moi d'abord vous féliciter de votre adresse, et vous remercier de votre dévouement.

— Et moi, Sire, répondit le jeune homme, permettez que je fasse toutes mes excuses à Votre Majesté d'avoir, même pour son service, osé me présenter devant elle vêtu comme je le suis, et de m'être permis de lui parler comme je l'ai fait.

— Vous avez parlé comme un brave gentilhomme, mon cher Louis, et, de quelque façon que vous soyez vêtu, c'est un cœur loyal qui bat sous votre habit... Mais, voyons, nous n'avons pas de temps à perdre; tout le monde, même la reine, ignore votre présence ici; personne ne nous écoute; — dites-moi vite ce qui vous amène.

— Votre Majesté n'a-t-elle pas fait à

mon père l'honneur de lui envoyer un officier de sa maison ?

— Oui, M. de Charny.

— M. de Charny, c'est cela... Il était chargé d'une lettre.

— Insignifiante, interrompit le roi, et qui n'était qu'une introduction à une mission verbale.

— Cette mission verbale, il l'a remplie, Sire, et c'est pour qu'elle ait son exécution certaine que, sur l'ordre de mon père, et dans l'espoir de causer seul à seul avec Votre Majesté, je suis parti pour Paris.

— Alors, vous êtes instruit de tout ?

— Je sais que le roi, à un moment donné, voudrait être certain de pouvoir quitter la France.

— Et qu'il a compté sur le marquis de Bouillé, comme sur l'homme le plus capable de le seconder dans ce projet.

— Et mon père est à la fois bien fier et bien reconnaissant de l'honneur que vous lui avez fait, Sire.

— Mais arrivons au principal. Que dit-il du projet?

— Qu'il est hasardeux, qu'il demande de grandes précautions, mais qu'il n'est pas impossible.

— D'abord, fit le roi, pour que le concours de M. de Bouillé eût toute l'efficacité que promettent sa loyauté et son dévouement, ne faudrait-il pas qu'à son commandement de Metz, on joignît celui de plusieurs provinces, et particulièrement celui de la Franche-Comté?

— C'est l'avis de mon père, Sire, et je suis heureux que le roi ait le premier exprimé son opinion à cet égard; le marquis craignait que le roi n'attribuât à une ambition personnelle...

— Allons donc! est-ce que je ne connais pas le désintéressement de votre père?... Voyons, maintenant, s'est-il expliqué avec vous sur la route à suivre?

— Avant tout, Sire, mon père craint une chose.

— Laquelle ?

— C'est que plusieurs projets de fuite ne soient présentés à Votre Majesté, soit de la part de l'Espagne, soit de la part de l'empire, soit de la part des émigrés de Turin, et que, tous ces projets se contrècarrant, le sien n'avorte par quelqu'une de ces circonstances fortuites que l'on met sur le compte de la fatalité, et qui sont presque toujours le résultat de la jalousie ou de l'imprudence des partis.

— Mon cher Louis, je vous promets de laisser tout le monde intriguer autour de moi ; — c'est un besoin des partis, d'abord ; puis, ensuite, c'est une nécessité de ma position ; — tandis que l'esprit de la Fayette et les regards de l'Assemblée suivront tous ces fils qui n'auront d'autre but que de les égarer, nous, sans autres confidents que les personnes strictement nécessaires à l'exécution du projet, — toutes personnes sur lesquelles nous sommes certains de pouvoir compter,—nous suivrons notre chemin avec d'autant plus de sécurité qu'il sera plus mystérieux.

— Sire, ce point arrêté, voici ce que mon père a l'honneur de proposer à Votre Majesté.

— Parlez, dit le roi en s'inclinant sur la carte de France, afin de suivre des yeux les différents projets qu'allait exposer le jeune comte avec la parole.

— Sire, il y a plusieurs points sur lesquels le roi peut se retirer.

— Sans doute.

— Le roi a-t-il fait son choix ?

— Pas encore. J'attendais l'avis de M. de Bouillé, et je présume que vous me l'apportez.

Le jeune homme fit, de la tête, un signe respectueux et affirmatif à la fois.

— Parlez, dit Louis XVI.

— Il y a d'abord Besançon, Sire, dont la citadelle offre un poste très fort et très avantageux pour rassembler une armée, et donner le signal et la main aux Suisses; les Suisses réunis à l'armée, on pourrait s'avancer à travers la Bourgogne, où les royalistes sont nombreux, et, de là, marcher sur Paris.

Le roi fit un mouvement de tête qui signifiait : « J'aimerais mieux autre chose. »

— Il y a, ensuite, Valenciennes, Sire, ou telle autre place de la Flandre qui aurait une garnison sûre. M. de Bouillé s'y porterait lui-même avec les troupes de son commandement, soit avant, soit après l'arrivée du roi.

Louis XVI fit un second mouvement de tête qui voulait dire : « Autre chose, monsieur. »

— Le roi, continua le jeune homme, peut encore sortir par les Ardennes et la Flandre autrichienne, et rentrer ensuite, par cette même frontière, en se portant sur une des places que M. de Bouillé livrerait dans son commandement, et où d'avance il serait opéré un rassemblement de troupes.

— Je vous dirai tout à l'heure ce qui me fait vous demander si vous n'avez rien de mieux que tout cela.

— Enfin, le roi peut se porter directement à Sédan ou à Montmédy ; là, le général, se trouvant au centre de son commandement, aurait, pour obéir aux désirs du roi, soit qu'il lui plût de sortir de France, soit qu'il lui convînt de marcher sur Paris, toute sa liberté d'action.

— Mon cher comte, dit le roi, je vais vous expliquer, en deux mots, ce qui me fait refuser les trois premières propositions, et ce qui est cause que je m'arrêterai probablement à la quatrième. D'abord, Besançon est trop loin, et, par conséquent, j'aurais trop de chances d'être arrêté avant d'y arriver. Valenciennes est à une bonne distance, et me conviendrait assez en raison de l'excellent esprit de cette ville ; mais M. de

Rochambeau, qui commande dans le Hainaut, c'est-à-dire à ses portes, est entièrement livré à l'esprit démocratique. Quant à sortir par les Ardennes et par la Flandre, pour en appeler à l'Autriche, non... Outre que je n'aime pas l'Autriche, qui ne se mêle de nos affaires que pour les embrouiller, l'Autriche a bien assez, à l'heure qu'il est, de la maladie de mon beau-frère, de la guerre des Turcs et de la révolte du Brabant, sans que je lui donne encore un surcroît d'embarras par sa rupture avec la France. D'ailleurs, je ne veux pas sortir de la France ; une fois qu'il a le pied hors de son royaume, un roi ne sait jamais s'il y rentrera... Voyez Charles II, voyez Jacques II ; l'un n'y rentre qu'au bout

de treize ans, l'autre n'y rentre jamais !
Non, je préfère Montmédy ; Montmédy
est à une distance convenable, au centre
du commandement de votre père ; dites
au marquis que mon choix est fait, et
que c'est à Montmédy que je me retirerai.

— Le roi a-t-il bien arrêté cette fuite,
ou n'est-ce encore qu'un projet en l'air ?
se hasarda de demander le jeune
comte.

— Mon cher Louis, répondit Louis XVI,
rien n'est arrêté encore, et tout dépendra des circonstances. Si je vois que la
reine et mes enfants courent de nouveaux dangers, comme ceux qu'ils ont
courus dans la nuit du 5 au 6 octobre,

je me déciderai, et dites-le bien à votre père, mon cher comte, une fois la décision prise, elle sera irrévocable.

— Maintenant, Sire, continua le jeune comte, s'il m'était permis, relativement à la façon dont se fera le voyage, de soumettre à la sagesse du roi l'avis de mon père...

— Oh! dites, dites.

— Son avis serait, Sire, qu'on diminuât les dangers du voyage en les partageant.

— Expliquez-vous.

— Sire, Votre Majesté partirait d'un côté avec madame Royale et madame Elisabeth, tandis que la reine partirait de l'autre, avec monseigneur le Dauphin ; de sorte que...

Le roi ne laissa pas M. de Bouillé achever sa phrase.

— Inutile de discuter ce point, mon cher Louis, dit-il ; nous avons, dans un moment solennel, décidé, la reine et moi, que nous ne nous quitterions pas. Si votre père veut nous sauver, qu'il nous sauve tous ensemble, ou pas du tout.

Le jeune comte s'inclina.

— Le moment venu, le roi donnera ses ordres, dit-il, et les ordres du roi seront exécutés. Seulement, je me permettrai de faire observer au roi qu'il sera difficile de trouver une voiture assez grande pour que leurs Majestés, leurs augustes enfants, madame Elisabeth et les deux ou trois personnes de service qui doivent les accompagner puissent y tenir commodément.

— Ne vous inquiétez point de cela, mon cher Louis ; on la fera faire exprès ; le cas est prévu.

— Autre chose encore, Sire. Deux routes conduisent à Montmédy ; il me reste à vous demander quelle est celle des deux que votre Majesté préfère suivre, afin qu'on puisse la faire étudier par un ingénieur de confiance.

— Cet ingénieur de confiance, nous

l'avons; M. de Charny, qui nous est tout dévoué, a relevé des cartes des environs de Chandernagor avec une fidélité et un talent remarquables. Moins nous mettrons de personnes dans le secret, mieux vaudra. Nous avons dans le comte un serviteur à toute épreuve, intelligent et brave, servons-nous-en. Quant à la route, vous voyez que je m'en suis préoccupé ; comme d'avance j'avais choisi Montmédy, les deux routes qui y conduisent sont pointées sur cette carte.

— Il y en a même trois, Sire, dit respectueusement M. de Bouillé.

— Oui, je sais, celle qui va de Paris à Metz, que l'on quitte après avoir traversé Verdun, pour prendre, le long de la Meuse, la route de Stenay, dont Montmédy n'est distant que de trois lieues...

— Il y a celle de Reims, d'Isle, de Rhétel et de Stenay, dit le jeune comte assez vivement pour que le roi vît la préférence que son interlocuteur donnait à celle-là.

— Ah! ah! dit le roi, il paraît que c'est la route que vous préférez?

— Oh! pas moi, Sire... Dieu me garde d'avoir, moi, qui suis presque un enfant, la responsabilité d'une opinion émise dans une affaire si grave! Non, Sire, ce n'est point mon opinion, c'est celle de mon père, et il se fonde sur ce que le pays qu'elle parcourt est pauvre, presque désert ; que, par conséquent, il exige moins de précautions. Il ajoute que le Royal-Allemand, le meilleur régiment de l'armée, le seul peut-être qui soit resté complètement fidèle, est en quartier à Stenay, et depuis Isle ou Réthel, pourrait être chargé de l'escorte du roi. Ainsi, l'on éviterait le danger d'un trop grand mouvement de troupes.

— Oui, interrompit le roi ; mais on passerait par Reims, où j'ai été sacré, et où le premier venu peut me reconnaître. Non, mon cher comte, sur ce point, ma décision est prise.

Et le roi prononça ces paroles d'une

voix si ferme, que, cette décision, le comte Louis ne tenta même point de la combattre.

— Ainsi, demanda-t-il, le roi est décidé?...

— Pour la route de Châlons par Varennes, en évitant Verdun. Quant aux régiments, ils seront échelonnés dans les petites villes situées entre Montmédy et Châlons. Je ne verrais même pas d'inconvénient, ajouta le roi, à ce que le premier détachement m'attendît dans cette dernière ville.

— Sire, quand nous en serons là, dit le jeune comte, ce sera un point à discuter, de savoir jusqu'à quelle ville peuvent se hasarder ces régiments. Seulement, le roi sait qu'il n'y a pas de poste aux chevaux à Varennes?

— J'aime à vous voir si bien renseigné, monsieur le comte, dit le roi en riant; cela prouve que vous avez travaillé sérieusement notre projet. Mais ne vous inquiétez point de cela; nous trouverons moyen de faire tenir des chevanx prêts au-dessous ou au-dessus de la ville; notre ingénieur nous dira où ce sera le mieux.

— Et, maintenant, Sire, dit le jeune comte, maintenant que tout est à peu près arrêté, Sa Majesté m'autorise-t-elle à lui citer, au nom de mon père, quelques lignes d'un auteur italien qui lui paraissent tellement appropriées à la situation où se trouve le roi, qu'il m'a ordonné de les apprendre par cœur, afin que je pusse les lui dire.

— Dites-les, monsieur.

— Les voici : « Le délai est toujours préjudiciable, et il n'y a jamais de circonstances entièrement favorables, dans toutes les affaires que l'on entreprend ; de sorte que qui attend jusqu'à ce qu'il rencontre une occasion parfaite, jamais n'entreprendra une chose, ou, s'il l'entreprend, en sortira souvent mal. » C'est l'auteur qui parle, Sire.

— Oui, monsieur, et cet auteur est Machiavel. J'aurai donc égard, croyez-le bien, aux conseils de l'ambassadeur de la magnifique République... Mais chut!... j'entends des pas dans l'escalier... c'est Gamain qui descend... Allons au-devant de lui, pour qu'il ne voie pas que nous nous sommes occupés de tout autre chose que de l'armoire.

A ces mots, le roi ouvrit la porte de l'escalier secret.

Il était temps : le maître serrurier était sur la dernière marche, sa serrure à la main.

X

Où il est démontré qu'il y a véritablement un Dieu pour les ivrognes.

Le même jour, vers huit heures du soir, un homme vêtu en ouvrier et appuyant avec précaution la main sur la poche de sa veste, comme si cette poche contenait, ce soir-là, une somme plus considérable que n'en contient d'habitude la poche d'un ouvrier, un homme, disons-nous, sortait des Tuileries par le pont Tournant, inclinait à gauche, et suivait d'un bout à l'autre l'allée d'arbres qui prolonge, du côté de la Seine, cette portion des Champs-Elysées qu'on appelait autrefois le Port-au-Marbre, qui, plus tard, s'appela le Port-aux-Pierres, et qu'on nomme aujourd'hui le Cours-la-Reine.

A l'extrémité de cette allée, il se trouva sur le quai de la Savonnerie.

Le quai de la Savonnerie était, à cette époque, fort égayé le jour, fort éclairé le soir par une foule de petites guinguettes où, le dimanche, les bons bourgeois achetaient les provisions liquides et solides qu'ils embarquaient avec eux sur des bateaux nolisés au prix de deux sous par personne, pour aller passer la journée dans l'île des Cygnes ;— île où, sans cette précaution, ils eussent risqué de mourir de faim, les jours ordinaires de la semaine, parce qu'elle était parfaitement déserte ; les jours de fête et les dimanches, parce qu'elle était trop peuplée.

Au premier cabaret qu'il rencontra sur sa route, l'homme vêtu en ouvrier parut se livrer à lui-même un violent combat, combat duquel il sortit vainqueur, pour savoir s'il entrerait ou n'entrerait pas dans ce cabaret.

Il n'entra point, il passa outre.

Au second, la même tentation le reprit, et, cette fois, un autre homme qui le suivait comme son ombre, sans qu'il s'en aperçût, depuis la hauteur de la Patache, put croire qu'il allait y céder, car, déviant de la ligne droite, il inclina tellement devant cette succursale du temple de Bacchus, comme on disait alors, qu'il en effleura le seuil.

Néanmoins, cette fois encore, la tempérance triompha, et il est probable que, si un troisième cabaret ne se fût pas trouvé sur son chemin, et qu'il lui eût fallu revenir sur ses pas pour manquer au serment qu'il semblait s'être fait à lui-même, il eût continué sa route, — non pas à jeun, car le voyageur paraissait avoir déjà pris une honnête dose de ce liquide qui réjouit le cœur de l'homme,— mais dans un état de puissance sur lui-même qui eût permis à sa tête de conduire ses jambes dans une ligne suffisamment droite pendant la route qu'il avait à faire.

Par malheur, il y avait, non-seulement un troisième, mais encore un quatrième, mais encore un dixième, mais encore un vingtième cabaret sur cette route; il en résulta que, les tentations étant trop souvent renouvelées, la force de résistance ne se trouva point en harmonie avec la puissance de sensation, et que notre homme succomba à la troisième épreuve.

Il est vrai de dire que, par une espèce de transaction avec lui-même, l'ouvrier qui avait si bien et si malheureusement combattu le démon du vin, tout en entrant dans le cabaret, demeura debout près du comptoir, et ne demanda qu'une chopine.

Au reste, le démon du vin, contre lequel il luttait, semblait être victorieusement représenté par cet inconnu qui le suivait à distance, ayant soin de se tenir dans l'obscurité, mais qui, en restant hors de sa vue, ne le perdait cependant pas des yeux.

Ce fut sans doute pour jouir de cette perspective, qui semblait lui être particulièrement agréable, qu'il s'assit sur le parapet, juste en face de la porte où l'ouvrier buvait sa chopine, et qu'il se remit en route cinq secondes après que celui-ci, l'ayant achevée, franchissait le seuil de la porte pour reprendre son chemin.

Mais qui peut dire où s'arrêteront les lèvres qui se sont une fois humectées à la fatale coupe de l'ivresse, et qui se sont aperçues, avec cet étonnement mêlé de satisfaction tout particulier aux ivrognes, que rien n'altère comme de boire?... A peine l'ouvrier eut-il fait cent pas, que sa soif était telle, qu'il lui fallut s'arrêter de nouveau pour l'étancher ; seulement, cette fois, il comprit que c'était trop peu d'une chopine, et demanda une demi-bouteille.

L'ombre qui semblait s'être attachée à lui ne parut nullement mécontente des retards que ce besoin de se rafraîchir apportait dans l'accomplissement de sa route ; elle s'arrêta à l'angle même du cabaret, et, quoique le buveur se fût assis pour être plus à son aise, et eût mis un bon quart-d'heure à siroter sa demi-bouteille, l'ombre bénévole ne donna aucun signe d'impatience, se contentant, au moment de la sortie, de le suivre du même pas qu'elle avait fait jusqu'à l'entrée.

Au bout de cent autres pas, cette longanimité fut mise à une nouvelle et plus rude épreuve ; l'ouvrier fit une troisième halte, et, cette fois, comme sa soif allait en augmentant, il demanda une bouteille entière.

Ce fut encore une demi-heure d'attente pour le patient argus qui s'était attaché à ses pas.

Sans doute, ces cinq minutes, ce quart d'heure, cette demi-heure successivement perdus soulevèrent une espèce de remords dans le cœur du buveur; car, ne voulant plus s'arrêter, à ce qu'il paraît, mais désirant continuer de boire, il passa avec lui-même une espèce de transaction qui consista à se munir, au moment du départ, d'une bouteille de vin toute débouchée dont il résolut de faire la compagne de sa route.

C'était une résolution sage et qui ne retardait celui qui l'avait prise qu'en raison des courbes de plus en plus étendues, et des zigzags de plus en plus réitérés, qui furent le résultat de chaque rapprochement qui se fit entre le goulot de la bouteille et les lèvres altérées du buveur.

Dans une de ces courbes adroitement combinées, il franchit la barrière de Passy sans empêchement aucun,— les liquides, comme on sait, étant affranchis de tout droit d'octroi à la sortie de la capitale.

L'inconnu qui le suivait sortit derrière lui et avec le même bonheur que lui.

Ce fut à cent pas de la barrière que notre homme dut se féliciter de l'ingénicuse précaution qu'il avait prise ; car, à partir de là, les cabarets devinrent de plus en plus rares, jusqu'à ce que, enfin, ils disparussent tout à fait.

Mais qu'importait à notre philosophe! comme le sage antique, il portait avec lui, non-seulement sa fortune, mais encore sa joie !

Nous disons sa joie, attendu que, vers la moitié de la bouteille, notre buveur se mit a chanter, et personne ne contestera que le chant ne soit, avec le rire, un des moyens donnés à l'homme de manifester sa joie.

L'ombre du buveur paraissait fort sensible à l'harmonie de ce chant, qu'elle avait l'air de répéter tout bas, et à l'expression de cette joie, dont elle suivait les phases avec un intérêt tout particulier ; mais, par malheur, la joie fut éphémère, et le chant de courte durée : la joie ne dura que juste le temps que dura le vin dans la bouteille, et, la bouteille vidée et inutilement pressée entre les deux mains du buveur, le chant se changea en grognements qui, s'accentuant de plus en plus, finirent par dégénérer en imprécations.

Ces imprécations s'adressaient à des persécuteurs inconnus dont se plaignait en trébuchant notre infortuné voyageur.

— Oh ! le malheureux ! disait-il ; oh !

la malheureuse ! à un ancien... ami... à un maître... donner du vin frelaté ! pouah ! Aussi qu'il m'envoie chercher pour lui repasser ses serrures... qu'il m'envoie chercher par son traître de compagnon, qui m'abandonne.... et je lui dirai : « Bonsoir, Sire !... que ta Majesté repasse ses serrures elle-même. » Et nous verrons si, une serrure, ça se fait comme un décret... Ah ! je t'en donnerai, des serrures à trois barbes ! ah ! je t'en donnerai, des pênes à gâchette !... ah ! je t'en donnerai, des clefs forées... avec un penneton... entaillé... entail... Oh ! le malheureux !... oh ! la malheureuse !... décidément, ils m'ont empoisonné !...

Et, en disant ces mots, vaincu par la

force du poison sans doute, la malheureuse victime se laissa aller tout de son long, pour la troisième fois, sur le pavé de la route, moelleusement recouvert d'une épaisse couche de boue.

Les deux premières fois, notre homme s'était relevé seul ; l'opération avait été difficile, mais, enfin, il l'avait accomplie à son honneur. La troisième fois, après des efforts désespérés, il fut obligé de s'avouer à lui-même que sa tâche était au-dessus de ses forces, et, avec un soupir qui ressemblait à un gémissement, il parut se décider à prendre pour couche, cette nuit-là, le sein de notre mère commune, la terre.

C'était sans doute à ce point de découragement et de faiblesse que l'attendait l'inconnu qui, depuis la place Louis XV, le suivait avec tant de persévérance ; car, après lui avoir laissé tenter, en se tenant à distance, les efforts désespérés que nous avons essayé de peindre, il s'approcha de lui avec précaution, fit le tour de sa grandeur écroulée, et, appelant un fiacre qui passait :

— Tenez, mon ami, dit-il au cocher, voici mon compagnon qui vient de se trouver mal. Prenez cet écu de six livres; mettez le pauvre diable dans l'intérieur de votre voiture, et conduisez-le au cabaret du pont de Sèvres ; je monterai près de vous.

Il n'y avait rien d'étonnant dans cette

proposition que celui des deux compagnons resté debout faisait au cocher de partager son siége, attendu qu'il paraissait lui-même un homme de condition assez vulgaire ; aussi, avec la touchante confiance que les hommes de cette condition ont les uns pour les autres :

— Six francs ! répondit le cocher ; et où sont-ils, tes six francs ?

— Les voilà, mon ami, dit, sans paraître formalisé le moins du monde, et en présentant un écu au cocher, celui qui avait offert cette somme.

— Et, arrivé là-bas, notre bourgeois, dit l'automédon, adouci par la vue de la royale effigie, il n'y aura pas un petit pour-boire ?

— C'est selon comme nous aurons marché... Charge ce pauvre diable dans ta voiture ; ferme consciencieusement les portières ; tâche de faire tenir jusque-là tes deux rosses sur leurs quatre pieds, et, arrivés au pont de Sèvres, nous verrons... selon que tu te seras conduit, on se conduira.

— A la bonne heure ! dit le cocher, voilà ce qui s'appelle répondre ; soyez tranquille, notre bourgeois, on sait ce que parler veut dire... Montez sur le siége, et empêchez les poulets d'Inde de faire des bêtises ; — dame ! à cette heure-ci, ils sentent l'écurie, et sont pressés de rentrer ; — je me charge du reste !

Le généreux inconnu suivit, sans observation aucune, l'instruction qui lui était donnée ; de son côté, le cocher, avec toute la délicatesse dont il était susceptible, souleva l'ivrogne entre ses bras, le coucha mollement entre les deux banquettes de son fiacre, referma la portière, remonta sur son siége, où il trouva l'inconnu établi, fit tourner sa voiture, et fouetta ses chevaux, qui, avec la mélancolique allure familière à ces infortunés quadrupèdes, traversèrent bientôt le hameau du Point-du-Jour, et, au bout d'une heure de marche, arrivèrent au cabaret du pont de Sèvres.

C'est dans l'intérieur de ce cabaret, qu'après dix minutes consacrées au déballage du citoyen Gamain, que le lecteur a sans doute reconnu depuis longtemps, nous retrouverons le digne maître, maître sur maître, maître sur tous, assis à la même table, et en face du même ouvrier armurier, que nous l'avons vu assis au premier chapitre de cette histoire.

XI.

Ce que c'est que le hasard.

Maintenant, comment ce déballage s'était-il opéré, et comment maître Gamain était-il passé de l'état presque cataleptique où nous l'avons laissé à l'état presque naturel où nous le revoyons?

L'hôte du cabaret du pont de Sèvres était couché, et pas le moindre filon de lumière ne filtrait par la gerçure de ses contrevents, lorsque les premiers coups de poing du philanthrope qui avait recueilli maître Gamain retentirent à sa porte.

Ces coups de poing étaient appliqués de telle façon, qu'ils ne permettaient pas de croire que les hôtes de la maison, si adonnés qu'ils fussent au sommeil, dussent jouir d'un long repos en face d'une pareille attaque.

Aussi, tout endormi, tout trébuchant, tout grommelant, le cabaretier vint-il ouvrir lui-même à ceux qui le réveillaient de la sorte, se promettant de leur administrer une récompense digne du déran-

gement, si, comme il le disait lui-même,
le jeu n'en valait pas la chandelle.

Il paraît que le jeu contrebalançait au
moins la valeur de la chandelle ; car, au
premier mot que l'homme qui frappait
de si irrévérente manière glissa tout bas
à l'hôte du cabaret du pont de Sèvres,
celui-ci ôta son bonnet de coton, et, tirant
des révérences que son costume rendait
singulièrement grotesques, il introduisit
maître Gamain et son conducteur dans
le petit cabinet où nous l'avons déjà vu
dégustant le bourgogne, sa liqueur favorite.

Mais, cette fois-ci, pour en avoir trop
dégusté, maître Gamain était à peu près
sans connaissance.

D'abord, comme cocher et chevaux avaient fait chacun ce qu'ils avaient pu, l'un de son fouet, les autres de leurs jambes, l'inconnu commença par s'acquitter envers eux en ajoutant, comme pour-boire, une pièce de vingt-quatre sous à l'écu de six livres déjà donné à titre de paiement.

Puis, voyant maître Gamain carrément assis sur une chaise, la tête appuyée au lambris, avec une table devant sa personne, il s'était hâté de faire apporter par l'hôte deux bouteilles de vin et une carafe d'eau, et d'ouvrir lui-même la croisée et les volets, pour changer l'air méphitique que l'on respirait à l'intérieur du cabaret.

Cette dernière précaution, dans une autre circonstance, eût été assez compromettante; en effet, tout observateur sait qu'il n'y a que les gens d'un certain monde qui aient besoin de respirer l'air dans les conditions où la nature le fait, c'est-à-dire composé de soixante-dix-neuf parties d'oxigène et de vingt-et-une parties d'azote, tandis que les gens du vulgaire, habitués à leurs habitations infectes, l'absorbent sans difficulté aucune, si chargé qu'il soit d'éléments étrangers à sa composition première.

Par bonheur, personne n'était là pour faire cette observation; l'hôte lui-même, après avoir apporté avec empressement les deux bouteilles de vin, et avec lenteur la carafe d'eau, l'hôte lui-même s'était respectueusement retiré, et avait laissé l'inconnu en tête à tête avec maître Gamain.

Le premier, comme nous l'avons vu, avait tout d'abord eu soin de renouveler l'air; puis, avant même que la fenêtre fût refermée, il avait approché un flacon des narines dilatées et sifflantes du maître serrurier, en proie à ce dégoûtant sommeil de l'ivresse qui guérirait bien certainement les ivrognes de l'amour du vin si, par un miracle de la puissance du Très-Haut, il était une seule fois donné aux ivrognes de se voir dormir.

En respirant l'odeur pénétrante de la liqueur contenue dans le flacon, maître

Gamin avait rouvert les yeux tout grands et avait immédiatement éternué avec fureur ; puis il avait murmuré quelques paroles inintelligibles pour tout autre, sans doute, que pour le philologue exercé qui, en les écoutant avec une profonde attention, parvint à distinguer ces trois ou quatre mots :

— Le... malheureux!.. il m'a empoisonné... empoisonné!..

L'armurier parut reconnaître avec satisfaction que maître Gamain était toujours sous l'empire de la même idée. Il rapprocha le flacon de ses narines, ce qui, rendant quelque force au digne fils de Noé, lui permit de compléter le sens de sa phrase en ajoutant aux paroles déjà prononcées ces deux dernières paroles, — accusation d'autant plus terrible qu'elle dénotait à la fois un abus de confiance et un oubli de cœur :

— Empoisonner... un ami... un ammi !...

— Le fait est que c'est horrible ! observa l'armurier.

— Horrrible !... balbutia Gamain.

— Infâme ! reprit le numéro un.

— Infâmme ! répéta le numéro deux.

— Par bonheur, dit l'armurier, j'étais là, moi, pour vous donner du contre-poison.

— Oui... par bonheur... murmura Gamain.

— Mais, comme une première dose ne suffit pas pour un pareil empoisonnement, continua l'inconnu, tenez, prenez encore cela.

— Et, dans un demi-verre d'eau, il versa cinq ou six gouttes de la liqueur contenue dans le flacon, et qui n'était autre chose que de l'ammoniaque dissous.

Puis il approcha le verre des lèvres de Gamain.

— Ah! ah! balbutia celui-ci, c'est à boire par la bouche; j'aime mieux cela que par le nez.

Et il avala avidement le contenu du verre.

Mais, à peine eut-il ingurgité la liqueur diabolique, qu'il ouvrit les yeux outre mesure, et s'écria entre deux éternuements :

— Ah! brigand! que m'as-tu donné là?... Pouah! pouah!...

— Mon cher, répondit l'inconnu, je vous ai donné une liqueur qui vous sauve tout bonnement la vie.

— Ah! dit Gamain, si elle me sauve la vie, vous avez eu raison de me la donner; mais, si vous appelez cela une liqueur, vous avez tort...

Et il éternua de nouveau, fronçant la bouche et écarquillant les yeux comme le masque de la tragédie antique.

L'inconnu profita de ce moment de pantomime pour aller fermer, non pas la fenêtre, mais les contrevents.

Ce n'était pas sans profit, au reste, que Gamain venait de rouvrir les yeux une deuxième ou troisième fois ; pendant ce mouvement, si convulsif qu'il fût, le maître serrurier avait regardé autour de lui, et, avec ce sentiment de profonde reconnaissance qu'ont les ivrognes pour les murs d'un cabaret, il avait reconnu ceux-ci comme lui étant des plus familiers.

En effet, dans les fréquents voyages que son état l'obligeait de faire à Paris, il était rare qu'il ne fît pas une halte au cabaret du pont de Sèvres ; cette halte, à un certain point de vue, pouvait même être regardée comme nécessaire, le cabaret en question marquant à peu près a moitié du chemin.

Cette reconnaissance produisit son effet : elle rendit d'abord une grande confiance au maître serrurier en lui prouvant qu'il était en pays ami.

— Eh ! eh ! fit-il, bon ! j'ai déjà fait la moitié de ma route, à ce qu'il paraît.

— Oui, grâce à moi, dit l'armurier.

— Comment, grâce à vous ? balbutia

Gamain, portant ses regards des objets inanimés aux objets vivants ; grâce à vous?... Qui est-ce, vous ?

— Mon cher monsieur Gamain, dit l'inconnu, voilà une question qui me prouve que vous avez la mémoire courte.

Gamain regarda son interlocuteur avec plus d'attention encore que la première fois.

— Attendez donc... attendez donc, dit-il; il me semble, en effet, que je vous ai déjà vu, vous...

— Ah ! vraiment? c'est bien heureux !

— Oui, oui, oui... mais quand cela, et où cela? voilà la chose.

— Où cela ? En regardant autour de vous, peut-être les objets qui frapperont vos yeux aideront-ils un peu vos souvenirs... Quand cela ? c'est autre chose. Peut-être serons-nous obligés de vous administrer une nouvelle dose de contrepoison pour que vous puissiez le dire.

— Non, merci, dit Gamain en étendant les bras, j'en ai assez, de votre contrepoison, et, puisque je suis à peu près sauvé, je m'en tiendrai là... Où je vous ai vu ?... où je vous ai vu ?... Eh bien, c'est ici !

— A la bonne heure !

— Quand je vous ai vu ?... attendez donc... c'est le jour où je revenais de faire à Paris de l'ouvrage... secrète... Il paraît que décidément, ajouta Gamain en riant, j'ai l'entreprise de ces ouvrages-là !

— Très bien... Et, maintenant, qui suis-je ?

— Qui vous êtes ?... Vous êtes un homme qui m'a payé à boire ; par conséquent, un brave homme ! Touchez là !

— Avec d'autant plus de plaisir, dit l'inconnu, que, de maître serrurier à maître armurier, il n'y a que la main.

— Ah ! bon, bon, bon, je me souviens, maintenant !... Oui, c'était le 6 octobre, le jour où le roi revenait à Paris ;

nous avons même un peu parlé de lui, ce jour-là.

— Et j'ai trouvé votre conversation des plus intéressantes, maître Gamain ; ce qui fait que, désirant en jouir encore, puisque la mémoire vous revient, je vous demanderai, — si toutefois ce n'est pas commettre une indiscrétion, — ce que vous faisiez, il y a une heure, étendu tout de votre long en travers de la route, et à vingt pas d'une voiture de roulage qui allait vous couper en deux si je n'étais intervenu ! Avez-vous des chagrins, maître Gamain, et avez-vous pris la fatale résolution de vous suicider ?

— Me suicider, moi ?... ma foi, non !.. Ce que je faisais là, au milieu du chemin, couché sur le pavé?... Etes-vous sûr que j'étais là?

— Parbleu ! regardez-vous.

Gamain jeta un coup-d'œil sur lui-même.

— Oh! oh! fit-il, madame Gamain va un peu crier; elle qui me disait hier : « Ne mets donc pas ton habit neuf ; mets donc ta vieille veste; c'est assez bon pour aller aux Tuileries. »

— Comment, pour aller aux Tuileries ? vous veniez des Tuileries, quand je vous ai rencontré?

Gamain se gratta la tête cherchant à rappeler ses souvenirs encore tout bouleversés.

— Oui, oui... c'est cela, dit-il ; certainement que je venais des Tuileries... pourquoi pas ? ce n'est pas un mystère, que j'ai été maître serrurier de M. Véto.

— Comment, M. Véto! qui donc appelez-vous M. Véto?

— Ah! bon! vous ne savez pas que c'est le roi qu'on appelle comme cela? Eh bien, mais d'où venez-vous donc? de la Chine?

— Que voulez-vous, moi, je fais mon état, et ne m'occupe pas de politique.

— Vous êtes bien heureux... Moi, je m'en occupe, malheureusement, ou plutôt on me force de m'en occuper... c'est ce qui me perdra!

Et Gamain leva les yeux au ciel et poussa un soupir.

— Bah! dit l'inconnu, est-ce que vous avez été appelé à Paris pour faire quelque ouvrage dans le genre de celui que vous veniez d'y faire, la première fois que je vous ai vu?

— Justement... si ce n'est qu'alors, je ne savais pas où j'allais et j'avais les yeux bandés, tandis que, cette fois-ci, je savais où j'allais et j'avais les yeux ouverts.

De sorte que vous n'avez pas eu de peine à reconnaître les Tuileries?

— Les Tuileries? fit Gamain répétant;

qui vous a dit que j'étais allé aux Tuileries ?

— Mais vous, tout à l'heure, pardieu ! Comment saurais-je, moi, que vous sortez des Tuileries, si vous ne me l'aviez pas dit ?

— C'est vrai ! fit Gamain se parlant à lui-même ; comment saurait-il cela, au fait, si je ne lui avais pas dit ?...

Puis, revenant à l'inconnu :

— J'ai peut-être eu tort de vous le dire ; mais, ma foi, tant pis ! vous n'êtes pas tout le monde, vous ! Eh bien, oui, puisque je vous l'ai dit, je ne m'en dédis pas ; j'ai été aux Tuileries.

— Et, reprit l'inconnu, vous avez travaillé avec le roi, qui vous a donné les vingt-cinq louis que vous avez dans votre poche?

— Hein? dit Gamain; en effet, j'avais vingt-cinq louis dans ma poche...

— Et vous les avez toujours, mon ami.

Gamain plongea vivement sa main dans les profondeurs de son gousset et en tira une poignée d'or mêlée à de la menue monnaie d'argent et à quelques gros sous.

—Attendez donc, attendez donc, dit-il; cinq, six, sept... bon! et moi qui avais

oublié cela! douze, treize, quatorze...
c'est que, vingt-cinq louis, c'est une
somme! dix-sept, dix-huit, dix-neuf..
une somme qui, par ce temps-ci, ne se
trouve pas sous le pied d'un cheval!
vingt-trois, vingt-quatre, vingt-cinq!...
Ah! continua Gamain en respirant avec
plus de liberté, Dieu merci, le compte y
est!

— Quand je vous le disais, vous pouviez bien vous en rapporter à moi, il me semble.

— A vous?... et comment saviez-vous que j'avais vingt-cinq louis sur moi?

— Mon cher monsieur Gamain, j'ai déjà eu l'honneur de vous dire que je

vous avais rencontré couché au beau
travers de la route, à vingt pas d'une
voiture de roulage qui allait vous couper
en deux ; j'ai crié au voiturier d'arrêter ;
j'ai appelé un fiacre qui passait ; j'ai détaché une des lanternes de sa voiture,
et, en vous regardant à la lueur de cette
lanterne, j'ai aperçu deux ou trois louis
d'or qui reluisaient sur le pavé; comme
ces louis étaient à portée de votre poche,
je présumai qu'ils venaient d'en sortir ;
j'y introduisis les doigts, et, à une
vingtaine d'autres louis que contenait
votre poche, je reconnus que je ne me
trompais pas. Mais, alors, le cocher secoua la tête et dit: «Non, monsieur, non !
— Comment, non ? — Non, je ne prends
pas cet homme-là. — Et pourquoi ne le

prenez-vous pas? — Parce qu'il est trop riche pour son habit... Vingt-cinq louis en or dans la poche d'un gilet de velours de coton; ça sent la potence d'une lieue, monsieur! — Comment, dis-je, vous croyez que nous avons affaire à un voleur?» Il paraît que le mot vous frappa. « Voleur? dites-vous; voleur, moi? — Sans doute, voleur, vous! reprit le cocher de fiacre; si vous n'étiez pas un voleur, comment auriez-vous vingt-cinq louis dans votre poche? — J'ai vingt-cinq louis dans ma poche parce que mon élève le roi de France me les a donnés! » répondîtes-vous. En effet, à ces paroles, je crus vous reconnaître; j'approchai la lanterne de votre visage : « Eh! m'écriai-je, tout s'explique : c'est M. Gamain, maître serrurier à Versailles ; il vient de travailler avec le roi, et le roi lui a donné vingt-cinq louis pour sa peine... Allons, j'en réponds. » Du moment où je répondais de vous, le cocher ne fit plus de difficulté. Je réintégrai dans votre poche les louis qui s'en étaient échappés ; on vous coucha proprement dans la voiture ; je montai sur le siége ; nous vous descendîmes dans ce cabaret, et vous voilà, ne vous plaignant, Dieu merci, de rien, que de l'abandon de votre apprenti.

— Moi, j'ai parlé de mon apprenti ? moi, je me suis plaint de son abandon ? s'écria Gamain de plus en plus étonné.

— Allons, bon ! voilà qu'il ne se rappelle plus ce qu'il vient de dire !

— Moi?

— Comment! vous n'avez pas dit à l'instant même : « C'est la faute de ce drôle de... » Je ne me rappelle plus le nom que vous avez dit...

— Louis Lecomte!

— C'est cela... Comment! vous n'avez pas dit à l'instant même : « C'est la faute de ce drôle de Louis Lecomte, qui avait promis de revenir avec moi à Versailles, et qui, au moment de partir, m'a brûlé la politesse? »

— Le fait est que j'ai bien pu dire tout cela, puisque c'est la vérité.

— Eh bien, alors, puisque c'est la vérité, pourquoi niez-vous?... Savez-vous qu'avec un autre que moi, toutes ces cachotteries-là, dans le temps où nous vivons, ce serait dangereux, mon cher?

— Oui, mais avec vous... dit Gamain câlinant l'inconnu.

— Avec moi... qu'est-ce que ça veut dire?

— Ça veut dire avec un ami!

— Ah! oui, vous lui marquez grande confiance à votre ami! Vous lui dites : « Oui, » et puis vous lui dites : « Non; » vous lui dites : « C'est vrai, » et puis : « Ça n'est pas vrai! » C'est comme l'autre fois, ici, parole d'honneur! vous m'avez conté une histoire, il fallait être de Pézenas pour y croire un seul instant!

— Quelle histoire?

— L'histoire de la porte secrète que vous avez été ferrer chez ce grand seigneur dont vous n'avez pas seulement pu me dire l'adresse.

— Eh bien, vous me croirez si vous voulez, cette fois-ci, il était encore question d'une porte.

— Chez le roi?

— Chez le roi..., seulement, au lieu

d'une porte d'escalier, c'était une porte d'armoire.

— Et vous me ferez entendre que le roi, qui se mêle de serrurerie, aura été vous chercher pour lui ferrer une porte? Allons donc!

— C'est pourtant comme cela. Ah! le pauvre homme! il est vrai qu'il se croyait assez fort pour se passer de moi; il avait commencé la serrure *dardar!* « A quoi bon Gamain? pourquoi faire Gamain? est-ce qu'on a besoin de Gamain! » Oui, mais on s'emberlificote dans les barbes, et il faut en revenir à ce pauvre Gamain.

— Alors, il vous a envoyé chercher par quelque valet de chambre de confiance, par Durey ou par Weber?

— Eh bien, justement voilà ce qui vous trompe. Il avait pris, pour l'aider, un compagnon qui en savait encore moins que lui; de sorte qu'un beau matin, le compagnon est venu à Versailles, et a dit : « Voilà, père Gamain : nous avons voulu faire une serrure, le roi et moi; et bonsoir! la sacrée serrure ne marche pas! — Que voulez-vous que j'y fasse? ai-je répondu. — Que vous veniez la mettre en état, parbleu! » Et, comme je lui disais : « Ce n'est pas vrai, vous ne venez pas de la part du roi; vous voulez m'attirer dans quelque piège ; » il m'a dit : « Bon ! à preuve que le roi m'a chargé de vous remettre vingt-cinq louis. — Vingt-cinq louis, ai-je dit, où sont-ils? — Les voici ! » Et il me les a donnés.

FIN DU QUATRIÈME VOLUME.

TABLE

DU QUATRIÈME VOLUME.

Chap. I. Le Club des Jacobins (suite et fin). . . . 4
II. Metz et Paris. 55
III. La Reine. 55
IV. Le Roi. 75
V. D'anciennes connaissances. 99
VI. Où le lecteur aura la satisfaction de retrouver M. de Beausire tel qu'il l'a quitté . 157
VII. OEdipe et Loth 175
VIII. Où Gamain prouve qu'il est véritablement maître sur maître, maître sur tous. . . 217
IX. Où l'on parle de toute autre chose que de serrurerie. 245
X. Où il est démontré qu'il y a véritablement un Dieu pour les ivrognes 269
XI. Ce que c'est que le hasard. 289

Sceaux, Impr. de E. Dépée.

EN VENTE

LE VEAU D'OR, Par FRÉDÉRIC SOULIÉ, 6 volumes.

AVENTURES DU CHEVALIER DE PAMPELONNE, Par A. DE GONDRECOURT, 5 vol.

FALAR LE ROUGE, Par G. DE LA LANDELLE, 5 volumes.

IL FAUT QUE JEUNESSE SE PASSE, Par ALEXANDRE DE LAVERGNE, 3 volumes.

LA TOUR DE DAGO, Par A. DE GONDRECOURT, 5 volumes.

LES OISEAUX DE NUIT, Par XAVIER DE MONTÉPIN, 5 volumes.

LAQUELLE DES DEUX, Par MAXIMILIEN PERRIN, 2 volumes.

LE CHEVALIER D'ESTAGNOL, Par LE MARQUIS DE FOUDRAS, 6 volumes.

Impr. de E. Dépée à Sceaux.

www.ingramcontent.com/pod-product-compliance
Lightning Source LLC
Chambersburg PA
CBHW060504170426
43199CB00011B/1318